NO QUIERO ENVEJECER

PILAR SORDO

NO QUIERO ENVEJECER

Las claves para vivir plenamente
y disfrutar del paso de los años

 Planeta

© 2014, Pilar Sordo

c/o Guillermo Schavelzon & Asoc., Agencia literaria
www.schavelzon.com

Diagramación y corrección de estilo: Antonio Leiva
Diseño de portada: Departamento de Arte de Editorial Planeta
Fotografía de la autora: Marisa Bonzón

Derechos exclusivos de edición en castellano reservados para
todos los países de lengua castellana de América Latina
© 2014, Editorial Planeta Chilena S.A.
Avda. Andrés Bello, 2115, piso 8°, Providencia, Santiago de Chile

1ª edición: marzo de 2014

Inscripción N° 238.912
ISBN 978-956-247-798-7

Impreso en: Quad/Graphics

A mi abuelita Julieta,
que a sus noventa y siete años
me enseña todos los días
cómo envejecer dignamente, sin miedo,
con alegría y con una hermosura sin igual.

ÍNDICE

INTRODUCCIÓN

Siempre es difícil terminar una investigación, porque me quedo con la horrible sensación de que falta información, de que podría haber afinado cualquiera de sus aristas y de que, al final, podría haber seguido en ella por un tiempo más antes de lanzarme en la aventura de transmitírselas a ustedes. Además, la vejez es un tema muy complejo al que me ha costado imprimirle mi sello que es aterrizarlo a términos sencillos, tal como he hecho en mis cinco libros anteriores; es un tema complejo quizá porque nos enfrenta con lo esencial de la vida, porque tiene que ver con explicar su flujo y su sentido, o bien porque se conecta con determinada concepción del tiempo y con tantas otras ideas que hoy determinan nuestra sociedad.

Pero aquí estoy otra vez, intentando contarles el maravilloso recorrido que hice y las desafiantes conclusiones a las que llegué luego de finalizar la investigación. Y el primer indicio de que escribir este libro era necesario, al menos para mí, es que es el primero que tuve que redactar con lentes ópticos, porque ya casi no veo de cerca. Es una de las evidencias que empiezan a decirnos que el tiempo pasa y que hay que aceptar que los lentes se guardan en la cartera junto con el celular y la billetera, y que debiéramos aprovisionarnos de varios y dejarlos en lugares estratégicos porque los vamos perdiendo todo el tiempo. Nunca olvidaré cuando una mañana en un hotel me lavé el pelo con acondicionador porque no alcancé a reconocer las letras en el envase. Esta imagen –patética, pero muy divertida– inauguró una nueva etapa en mi vida; a esta imagen se le sumaban los cambios en el cuerpo, el cómo cuesta desde cierta edad bajar de peso, la nueva conciencia de la necesidad vital de hacer ejercicio y tantas otras variables que junto a los miles de testimonios recogidos durante casi cuatro años me hicieron pensar que aquí había un tema que tratar.

En el curso de esta investigación, la frase que más se escuchó fue: «No quiero envejecer», y yo me preguntaba por qué se repite tanto esta frase absurda, lo cual es, en parte, lo que motivó este estudio. Resulta curioso que antes la gente envejecía y nadie hablaba mucho de aquello, era un proceso que simplemente ocurría y no se veía mucha discusión social al respecto, ni mucho médico dando vueltas; yo diría que era una etapa que se recibía con cierta dignidad, que era hermosa de observar. Son curiosos estos temas o procesos que se viven pero de los que no se habla… Un ejemplo que puede ser una buena analogía es lo que ocurre con los trastornos de alimentación. Hay casas en las que se compra y consume comida, pero no se habla de ella. En otras, en cambio, la alimentación es todo un tema que lleva a discutir sobre calorías, kilos, gimnasios, productos light que han salido al mercado, etc. Esto es algo que se da especialmente entre las mujeres y está probado que en estas últimas familias existirían ciertas características de personalidad que predispondrían la aparición de trastornos ansiosos y obsesivos como la bulimia y la anorexia, entre otros.

Si bien hoy la entrada en la etapa final de la vida se recibe con cierta reticencia, es un tema del que se habla; a todas las edades se comenta quién es viejo o vieja y se escuchan constantemente apasionados comentarios en la línea de: «Está súper bien para su edad»; «¡Qué joven te ves!»; «No se le notan los años»; «¿Qué haces para mantenerte así?», y cientos de frases que instalan el tema en todos los espacios sociales, sobre todo después de los cuarenta años. Las razones de este cambio parecen ser muchas. Nos regalaron alrededor de treinta años más de vida que a nuestros abuelos y antepasados, y no sabemos, ni como personas ni como sociedad, qué hacer con ellos. Esto estaría generando mucha ansiedad y preocupación a todo nivel y, por lo tanto, hablarlo es una forma de aterrizar esa inquietud permanente.

Vivimos además una época que sobrevalora la juventud como el mejor momento de la vida, una etapa en donde existe la posibilidad de adquirir bienes materiales y de consolidar ciertos valores asociados al éxito, como el tener y disfrutar de la belleza, llegar a ganar dinero y prestigio, y muchos otros que iremos revisando a lo largo de este libro.

Otro elemento que hoy pondría este tema sobre la mesa es la conciencia de la muerte y de tantos otros procesos sobre los que nos han educado en el miedo y la desconfianza. La proliferación de todo tipo de seguros, ahorros, fondos mutuos y otros miles de productos que nos hacen sentir «protegidos» frente a la vida misma, es una forma de estar continuamente pensando que algo nos puede pasar. Antes, el riesgo de la vida, de la enfermedad y de la muerte simplemente se vivía; hoy necesitamos controlarlo para sentirnos más seguros y confiados ante las inestabilidades propias de la existencia. Esto mismo ocurriría con el proceso del envejecimiento.

Ahora bien, de todas formas existe una contradicción muy marcada y consiste en que, por un lado, hablamos mucho del tema y, por otro, utilizamos todos los recursos posibles para evitar tomar contacto con él. Hay varios indicios que nos reflejan esa contradicción: abuelos que quieren ser llamados por sus nombres, tortas sin velas para que no se sepa cuántos años se cumplen, nunca querer decir la edad, sentirnos bien cuando nos dicen que nos vemos jóvenes o estamos bien para la edad que tenemos, las cirugías estéticas, hoy tan abundantes, son todas señales que reflejan nuestra resistencia a envejecer. En cualquier caso, el énfasis del asunto debiera centrarse en cómo enfrentamos la vejez.

La vida en la cultura occidental –a mi modo de ver– se entiende como una carrera que se corre en pos de que a uno «le vaya bien», y esto significa cumplir ciertas metas que nos hacen sentir que avanzamos. Pero esto no ha sido así siempre; antes se trabajaba toda la vida en un solo lugar y eso era garantía de una persona estable; hoy, los cambios son signo de liderazgo y dinamismo. Antes, si es que se conseguía tener una casa propia, se hacía bordeando los cincuenta, mientras que hoy, la gran señal de éxito es alcanzarla antes de los cuarenta.

El tema es que, finalmente, nos pasamos toda la vida corriendo detrás de algo, por tener un oficio o profesión, por tener pareja y un amor sano, dinero, hijos; incluso para muchos sigue siendo una meta y un sueño la casa, el auto, ojalá poder viajar y tener un cuerpo saludable. Todo esto, por supuesto, en el contexto de un trabajo que nos dé la posibilidad de acceder a estos signos de bienestar. A veces importa poco si ese trabajo nos llena el alma y mucho menos si con él aportamos al desarrollo del país; lo importante es que nos proporcione los recursos para financiar esta loca carrera que, aparentemente, no tiene tope ni fin. Es como si viviéramos sin tener la más mínima conciencia de que nos vamos a morir, pero, por otro lado, desarrollamos todo lo que sea necesario para sentirnos seguros cuando llegue el momento de dejar de trabajar y acercarnos al fin de la vida. Entonces las preguntas que surgen son: ¿por qué se corre después de los cincuenta?, ¿cuáles son las metas y desafíos después de los sesenta y cinco?, ¿hay sueños a los ochenta? A lo mejor la clave está en aprender a no correr o a mantener de por vida la carrera como señal de éxito, sino a recorrerla con pasión y disfrute.

Este proceso se hace más visible cuando el sistema social nos dice que tenemos que dejar de trabajar, que es mejor que descansemos, y nadie nos pregunta si queremos, si nos sentimos preparados, si podemos económicamente hacerlo, entre otras cosas. Muchos de los abuelos encuestados –incluidos los míos– trabajaron toda su vida y dejaron de hacerlo cuando ya no podían por razones de salud. Eso los hace sentirse útiles e importantes hasta el final de sus días, lo cual nos hace revisar el valor que antes se le daba al trabajo y la mala prensa que hoy tiene trabajar; nos quejamos si hay trabajo y si no lo hay, si hay mucho o si hay poco, y las palabras «responsabilidad» y «cansancio» son dos enemigas de las que hay que arrancar todo lo que se pueda. En la vereda de enfrente, las palabras «descanso» y «ocio» tampoco están muy definidas ni incorporadas, y solo asumimos el «hacer algo» cuando se trata de una actividad remunerada y sentimos que estamos produciendo. El mejor ejemplo de ello son las dueñas de casa, a las que si se les pregunta por su trabajo, responderán que «no hacen nada», sin valorar su tremendo aporte social y afectivo. No trabajar hace sentir mal a las personas, y en alguna medida se sienten sacadas del sistema.

Todas estas consideraciones nos llevan inevitablemente a preguntarnos: ¿qué es la vejez hoy?, ¿cuándo se considera hoy que alguien es viejo? o ¿qué significado le damos a esa palabra? ¿Es importante hacerse estas preguntas o debiéramos simplemente aceptar el paso del tiempo sin tanto análisis y discusión social? Esta última interrogante es una de las preguntas que la investigación intentó responder junto con analizar qué pasa en la actualidad con la llamada tercera edad –o la cuarta y quizá la quinta que seguramente pronto entrarán en nuestro léxico–. Qué pasa con la pareja, los duelos, la sexualidad, la familia, los amigos, el trabajo, la salud, la tecnología, son todos temas que aparecieron en las reflexiones de muchas personas que participaron de este estudio que intento resumir para ustedes en estas páginas.

No todas estas preguntas encontraron sus respuestas –o por lo menos esa respuesta precisa que mi deformación perfeccionista y obsesiva buscaba–, pero al menos fueron puestas sobre la mesa para invitar a la reflexión y la discusión sobre un tema que nos convoca a todos y que las generaciones más jóvenes tienen que revisar para vivir el paso de los años con mayor salud, plenitud e información que nosotros. A mi generación, la que bordea los cincuenta, nos pilló de sorpresa... de repente nos avisaron que viviríamos más tiempo, que nos veríamos más jóvenes y que para eso había que tener algo de dinero guardado, afectos más cuidados y así recibir este regalo de buena forma.

Más allá de las especulaciones hay un dato que es objetivo: en treinta años más, una de cada cinco personas tendrá más de sesenta años. El número de viejos aumenta y el de niños disminuye. En Chile, el quiebre está previsto para el 2025; Uruguay, al día de hoy, lleva la delantera y además es considerado el mejor país para envejecer del mundo hispano. Estas estadísticas, unidas al aumento de la expectativa de vida en los hombres a los setenta y nueve años y en las mujeres a más de ochenta, hacen necesario, en mi humilde opinión, investigar sobre este tema y poner este libro al servicio de ustedes.

La vejez en sí misma es un tema que seduce y apasiona. Hablar sobre la vida y la muerte, sobre los sueños, los ciclos y las etapas de la vida es algo que a todos nos atañe, pero, más allá de esto, no debemos olvidar que hay un grupo social en aumento del cual hay que hacerse cargo, al cual la sociedad tiene que proteger y brindar las mejores condiciones para su bienestar. Es fundamental contar con todas las herramientas necesarias para potenciar, disfrutar y vivir en plenitud esta etapa que está muy lejos de ser solo la última de la vida.

Este libro espera instalar –a través de la enorme cantidad de voces que participaron en él– el tema en el corazón de todos. Ojalá así lo sientan ustedes al leerlo.

Capítulo 1

¿Qué es la vejez?

Al apelar al inconsciente colectivo de los participantes del estudio y ver con qué palabras asociaban el concepto de vejez y el proceso de envejecer, las respuestas fueron muy clarificadoras con la traducción social que tiene esta etapa de la vida. Algunas de las palabras más mencionadas o de más alto rating fueron las siguientes:

- Deterioro.
- Enfermedad.
- Pérdida de capacidades (aquí se referían a la movilidad, a la memoria y a la agilidad mental y física).
- Fin de la vida.
- Muerte.
- Sufrimiento.
- Pobreza.

– Pérdida de la juventud (esto planteado como la pérdida de un tremendo valor asociado al éxito, la belleza y la prosperidad económica, afectiva y sexual).

Entre las menos mencionadas –pero no por eso poco significativas– nos encontramos con ideas que aludían a una etapa en la que primaba un nuevo ritmo vital, más pausado pero mucho más profundo:

– Descanso.
– Disfrute.
– Sabiduría.
– Plenitud.
– Nietos.
– Empezar a estar con los quiero más que con los que debo.
– Etapa para recuperar los afectos.

Si analizamos todas estas palabras, es preocupante… Por de pronto habría que empezar por definir cuándo es que comienza a hacerse presente esta sensación de que la vida se acaba. Unos podrían decir que con la jubilación, y otros, cuando se cumplen ciertos años; setenta, ochenta, y –según la mayoría de los participantes del estudio– por sobre esa edad. Otro grupo relacionaba este cambio en el mundo interno con la llegada de los nietos, pero la mayoría coincidía en que esto era relativo y que tenía que ver con «sentirse viejo» y «actuar como viejo». Al preguntarle a este grupo de gente entre los diez y los noventa años qué significaba «sentirse o actuar como viejo», todos hacían el vínculo con la extrema preocupación por los problemas de salud, siendo las enfermedades, los médicos y los nuevos tratamientos un tópico recurrente en las conversaciones cotidianas. Otra señal que casi todo el mundo mencionó es el hábito de leer los obituarios en los periódicos para corroborar si ha muerto alguien conocido, porque se supone que los pares comienzan a partir. Mencionaron también algunos miedos frecuentes que aparecen con la llegada de los años –los que se pueden transformar en delirios en algunos casos de demencia senil– como el miedo a la pobreza, a los robos, a la pérdida de la memoria o de cualquier otro sentido. Sin embargo, todos coincidieron en que la máxima expresión de la vejez era la pérdida de independencia, tanto en términos físicos como mentales. Pareciera que el mayor indicador de que la vejez ha llegado para quedarse es la suma de los años más la pérdida de autonomía. De cualquier manera, muchos coincidieron en que si bien estos signos eran ineludibles, el elemento diferenciador era la actitud de cada persona para asumirlos y que terminaba por determinar si era evaluado como viejo o no. En el marco de la investigación, por ejemplo, esto se notaba en que había muchas personas enfermas que tenían una actitud de gozo y felicidad y daban lecciones a muchos otros que estaban sanos, pero amargados y con una actitud poco agradecida.

Es un hecho que con los años, los rasgos de personalidad se acentúan y, por lo tanto, aparecerá en nosotros lo mejor y lo peor de lo aprendido, pero también se debe tener claro que, la mayoría de las veces, dependerá de nosotros mismos la actitud con la cual enfrentamos el paso del tiempo.

En algún momento hubo un acuerdo social para definir la vejez asociada a un número de años en particular, pero hoy nadie podría hablar de esta etapa con ese criterio, ya que existe más consenso en definirla como una actitud. La vejez se entiende desde un criterio social que contempla un sinnúmero de elementos, entre ellos la salud, las condiciones económicas y la motivación para hacer cosas y mantener y generar nuevos vínculos. El juego de la valoración del pasado, del presente y del futuro parece ser clave en cómo se enfrenta esta etapa. La percepción de que se terminan las cosas buenas de la vida porque se acaba la juventud y el que no haya espacios sociales para ir y/o crecer, también parecen ser cruciales en la vivencia de esta etapa.

A diferencia de Chile, hay muchos países, entre ellos Japón, Ecuador, Colombia, Guatemala, Argentina, Uruguay y algunos países centroamericanos, donde los mayores son valorados como fuente de respeto y sabiduría. Todos estos son países que tienen respeto por sus edificios antiguos –los cuidan y los conservan– y además valoran profundamente a sus pueblos originarios, honrando y manteniendo sus tradiciones. De acuerdo a la investigación, estos son países que tienden a vivir de mejor forma el paso de los años.

Cuando uno se pregunta qué es la vejez y cuándo llega esta a nuestras vidas, es inevitable revisar cómo experimentamos el paso del tiempo y la forma lineal en que los occidentales lo entendemos. Les voy a pedir que hagan mentalmente el siguiente ejercicio que me enseñó una increíble mujer con ancestros japoneses para graficar esta idea. Imagínense que están de pie, mirando hacia delante, y yo les pregunto dónde ubican el pasado y el futuro; probablemente todos los occidentales responderemos lo mismo: el pasado esta atrás y el futuro adelante, ¿cierto? Bueno, esa linealidad del tiempo es lo que hace ver la vejez al final del camino. Los orientales, por otra parte, lo conciben absolutamente al revés. Ellos ubican el pasado adelante porque es lo único que conocen y de lo cual pueden aprender todos los días, y el futuro atrás, por ser desconocido e incontrolable. Es por esto que ellos valoran, reconocen y admiran a la gente mayor, porque la ven como un referente al tenerla todo el tiempo delante de ellos. Y es también por eso que no le temen a la vejez, porque llegar a ese lugar es, sin duda, un privilegio. El futuro, en cambio, es inmanejable y desconocido, y lo que hay que hacer es trabajar con eficiencia en el presente para así honrar a nuestros antepasados que hicieron que hoy ocupemos el lugar que tenemos.

En este punto es importante además mencionar que los orientales, mayoritariamente, creen en la reencarnación, por lo que la vejez nunca es percibida como el final del camino, sino que como parte de un ciclo en el que lo único que se requiere para avanzar es dar amor y lo mejor de uno. Si bien en las sociedades occidentales, principalmente católicas o cristianas, existe también la fe en una nueva vida después de la muerte, esta no se vive con tanto convencimiento. Si nosotros de verdad creyéramos en la otra vida como muchas de las culturas y religiones del mundo, debiéramos tener una actitud de alegría y orgullo al llegar a la vejez, porque esta sería la culminación de un camino de bien que nos debiera llevar a un estado de gozo permanente al otro lado de la historia. La muerte misma, además, debiera ser vivida con alegría y no en el marco de los ritos funerarios que hoy están institucionalizados y que, entre otras cosas, muchas veces incluyen medicamentos que nos distancian del dolor que produce «perder» a un ser querido.

Si de verdad creyéramos en la resurrección, la vejez y la muerte serían transitadas de otra manera, pero como tenemos serias contradicciones al respecto y no estamos absolutamente convencidos de que así sea, nos llenamos de miedos y de sentimientos de negación frente a esta etapa de la vida.

Otra forma de entender esta inconsistencia es pensar que vamos a ser evaluados al final de la vida. Si de verdad estuviéramos tranquilos con lo hecho no tendríamos miedo y nuestra postura frente a la vejez sería distinta. Sentiríamos una paz y una tranquilidad enormes, porque sabríamos que al otro lado nos esperan cosas buenas. Varias personas en la investigación me decían estar muy en paz frente a la muerte porque habían logrado entregar lo mejor de sí durante sus vidas, mientras que otras –no pocas– afirmaban que si tuvieran una enfermedad terminal, probablemente sus prioridades y motivaciones en la vida cambiarían. Honestamente, creo que a muchos de nosotros nos pasaría lo mismo.

Seguramente algo nos pasa con el cómo estamos enfrentando la vida y cuáles son nuestras prioridades, ya que si en el fondo del alma estuviéramos tranquilos con lo vivido, entonces llegar a la vejez y enfrentar a la muerte sería muy distinto.

Entre los participantes de la investigación había muchos que no creían en otra vida y sentían que esta había que vivirla intensamente porque después no había nada más. Si bien al ser conscientes de aquello disfrutaban y se anclaban en el presente, su vejez estaba condicionada a factores vinculares, económicos y de salud, predominantemente. Su preocupación estaba centrada en cómo envejecer más que en lo que pudiera pasar después.

En esta misma línea, otra inconsistencia de nuestras creencias, que alguna vez espero seamos capaces de conversar con honestidad y generosidad, es lo relativo a la donación de órganos; en el fondo nos cuesta ser donantes porque no sabemos si al otro lado nos va a servir el hígado y por eso nos da miedo donarlo.

Volviendo a la idea de la linealidad del tiempo, en el esquema actual lo más importante es conseguir muchos objetivos y rápidamente alcanzar la mayor cantidad de metas posibles; esta es la carrera de la cual hablaba en la introducción, y la que define nuestra forma de consumir y nos pone en un lugar donde todo es mirado desde la carencia y no desde la abundancia. Es así como la vejez es vista como la pérdida de la juventud y no como la consolidación de la vida, la plenitud y la sabiduría, herencias de los años vividos. De esta forma, el flujo de la vida se configura desde lo que nos va faltando y no de lo que vamos adquiriendo con el paso del tiempo. Esta visión, en parte, tiene que ver con el excesivo valor que se le da a lo que vemos y no a las cosas intangibles, que resultan ser las más importantes de la vida: «Lo esencial es invisible a los ojos».

En relación al consumo, hace un tiempo hablando con mis hijos les decía que me «bajaba de la carrera de los televisores»; ellos, como muchas veces, me miraron extrañados dado lo desconcertantes que pueden ser mis comentarios. Cuando les explicaba que quería quedarme con el televisor que tenía y no cambiarlo a no ser que este se rompiera en algún terremoto –que es la causa más común por la cual los chilenos renovamos los televisores, además de un mundial de fútbol–, finalmente entendieron el mensaje. Si nos sumamos a la carrera de los celulares, los televisores, los computadores, las zapatillas, etc., siempre tendremos la sensación de estar atrasados y en falta, por lo que muchas veces nos matamos trabajando para llegar a una meta que resulta ser un espejismo, porque constantemente aparecerá otro producto mejor por el que seguir corriendo. Este concepto hace crisis en la vejez, porque, llegados a este punto, ya no quedan ganas de dar esta carrera –generalmente ya no contamos con los recursos para lanzarnos en esa maratón y, muchas veces, tampoco con la salud–; los valores han cambiado, las cosas que nos importaban a los treinta y a los cuarenta ya no son las mismas y empiezan a aparecer en nuestro horizonte nuevas preocupaciones. Por eso es tan importante evaluar –los que nos hemos pasado toda la vida corriendo por esos objetivos– si la sociedad nos hará sentir que estamos en falta, que salimos del sistema y que la soledad y tristeza serán nuestras compañeras de viaje. También, si dejamos de correr o cambiamos esos objetivos por otros, será muy interesante comprobar que si nuestra vida no ha estado enfocada en los objetivos económicos ni en correr esta carrera, cuando llegue la vejez no sentiremos que nos falta necesariamente algo, sino que, como muchos entrevistados decían, se sentían libres para disfrutar de lo que siempre quisieron hacer y que ahora podían.

Como vemos, definir la vejez no es fácil, hemos transitado desde una definición estadística o numérica hacia una definición de carácter más social que hoy se deja llevar por criterios individuales donde la forma de enfrentar la vida parece ser clave. Ser viejo hoy es más entendido como un tema de actitud donde el mantenimiento de la independencia es fundamental para sentirse vital y jovial. Dependiendo del entusiasmo con el que se enfrenta la vida, nos encontraremos con viejos de treinta años y con jóvenes de ochenta; como decían muchos adultos mayores en la investigación: solo se envejece cuando se deja de soñar o cuando el cuerpo y la mente no permiten hacerlo más.

Es importante también considerar el fenómeno de la linealidad del tiempo y cómo la vejez se ubica –erróneamente, incluso de acuerdo a nuestras creencias más profundas– al final del camino, lo que nos llena de miedos e inseguridades. Si tuviéramos el presente y el pasado puestos en nuestras cabezas adelante y no atrás, la experiencia de la vida estaría enfocada en disfrutar de ella hoy y en ser permanentemente conscientes de nuestra historia y de nuestros antepasados para aprender y agradecer lo vivido.

En este sentido, y con una situación económica más o menos resuelta, la vejez debiera ser una etapa de consolidación de las metas y de los afectos conseguidos durante toda la vida anterior. Sería un momento de agradecer y apreciar los detalles, y de poner en valor lo espiritual por sobre lo material.

CAPÍTULO 2
Descanso y ocio

Desde que somos pequeños nos enseñan a producir, primero pidiéndonos formación de hábitos, después buenas notas y buen comportamiento, y luego que todo eso redunde en un buen trabajo que ojalá, además, nos guste. Esto estaría bien si paralelamente nos enseñaran a disfrutar del deber, pero nuestras culturas tienden a hacerle muy mala prensa y a entenderlo como algo de lo cual hay que arrancar. Nos pasamos toda la vida anhelando descansar y continuamente se oyen frases como «gracias a Dios que es viernes» o «con tu deber no más cumples».

Mi generación es una generación hija del rigor, llena de culpas y que ha aprendido muy de a poco a disfrutar sin preguntarse tantas cosas. Nosotros crecimos sintiendo que después de lo bueno siempre venía algo malo y, como les contaba en *Bienvenido dolor*, sintiendo que si nos reíamos un martes, nos tocaría llorar un viernes. Pasarlo bien era peligroso y, por lo tanto, de lo único de lo que no teníamos que sentirnos culpables era de producir y trabajar; con el placer, claramente no pasaba lo mismo. Las consecuencias de nuestro mal testimonio frente al deber han sido nefastas para las generaciones más jóvenes que siempre nos han visto cansados, quejándonos y poco contentos con lo que hacemos. De este modo se han ido casi al otro extremo, centrando su interés solo en lo que les produce beneficios y en el descanso, y no en el deber y en el compromiso con lo que se hace.

De cualquier manera, en ambas generaciones se produce la contradicción vital entre planificar la vida pensando cuándo se dejará de trabajar; pero al mismo tiempo este mismo hecho genera inseguridad y miedo. Hay mucha gente que incluso pudiendo retirarse para pasar algunos años con cierta tranquilidad no deja de trabajar por el vacío vital que eso le significa; no estar en plena producción, para muchos, es sinónimo literalmente de «morirse en vida».

Es importante mencionar que la actividad humana, cualquiera que esta sea, efectivamente rejuvenece el alma y da sentido a nuestra vida; lo clave parece ser equilibrar el goce por lo que se hace y el disfrute de no hacer nada o de realizar cosas que no sean necesariamente productivas.

En relación al miedo que nos produce salir de la dinámica de la producción, he de decir que nuestro sistema económico se fundamenta precisamente en el miedo a todo: miedo a tener miedo, a ser vulnerables, a que nos pase algo. De esta manera, el mensaje que el sistema nos transmite es que si tenemos cosas nos sentiremos más seguros y confiados; hay que guardar y tener mucho apego a todo lo material para así aplacar el miedo y estar mejor preparados para los imprevistos que pudieran ocurrir. Entonces, aunque no nos guste, aunque queramos arrancar, tenemos que trabajar y mucho, durante toda la vida, para adquirir esa seguridad. El trabajo evidentemente es fundamental y le hace muy bien al alma, pero debiera ser disfrutado y agradecido y no tan vilipendiado.

No les podría contar la cantidad de personas –incluyendo a muchas muy cercanas a mí– que se han pasado toda la vida asegurando su vejez, incluso en desmedro del desarrollo de sus afectos, y que llegan a la tercera y cuarta edad medianamente asegurados, pero que ni con todo el oro del mundo podrían solucionar algunos problemas. Tanto trabajo para asegurar la vejez y, al final, la sabiduría de la vida golpea justo para lo que uno no está preparado y no puede controlar. Esa parece ser la magia de la vida: su flujo es incontrolable y, por ende, siempre nos va a hacer aprender aquellas cosas para las que nunca nos preparamos.

Como gran parte de nuestras inseguridades las cubre el trabajo y los apegos a las cosas materiales, hay muchas personas que no toman vacaciones o que no se desconectan cuando están descansando. Recién apareció un estudio que evidenciaba que el 51% de los chilenos no puede evitar ver los mails durante vacaciones y está conectado permanentemente durante su descanso. Estoy segura de que el porcentaje es más alto y que en los otros países de América Latina este patrón se repite; pienso además que la razón más profunda que nos lleva a esta conducta es el miedo que nos da pensar que podemos ser mal evaluados por descansar. Suena horrible, pero en el fondo creo que es así. Es cierto que otros países del mundo hispano tienen la capacidad de disfrutar más y de hacerlo sin culpas; de acuerdo a la investigación sobre la felicidad plasmada en *Bienvenido dolor*, entre ellos se encuentran Argentina, Uruguay y Colombia, por ejemplo.

Entonces, en esta realidad en la que el trabajo, el tener y la actividad son sinónimo de estar y sentirse vivos y donde el camino al éxito se vive como una carrera despiadada, ¿cómo se vivencia el que nos digan a una determinada edad que ya no podemos seguir trabajando, que llegó la hora de jubilar y que el tiempo productivo ha cesado? Nadie nos pregunta si queremos, si podemos, si estamos o no capacitados para entrar en un mundo desconocido, subvalorado y atemorizante: el del descanso.

El descanso es una más de las contradicciones de la vida… nos la pasamos anhelándolo y cuando puede aparecer o simplemente llega, no sabemos qué hacer con él. Caemos en excesos para sentir que lo estamos disfrutando y nos ponemos, por ejemplo, a comer o tomar más de lo normal; en resumidas cuentas, para poder gozar de ese tiempo libre sentimos que tiene que haber muchos estímulos externos.

El disfrutar desde la quietud y con pocos estímulos está adquiriendo cada vez más fuerza en una población que a todas luces necesita entender el descanso y el ocio como una invitación al silencio y la búsqueda de paz interior. Esta es una idea que, afortunadamente, se ha ido potenciando según van pasando los años.

¿Qué es descansar?, ¿qué se hace cuando no hay nada que hacer? Estas son preguntas clave en un mundo que muchas veces tiende a definir el descanso como «no hacer nada», y cuando se supone que son muchos los años «sin hacer nada», la angustia nos inunda de inmediato. Pareciera que solo se hace algo cuando eso es remunerado y, si no es así, la sanción de no hacer nada se siente por muchos y muy profundamente.

El descanso tiene que ver con repetir casi las mismas preguntas que uno se hizo en el colegio antes de comenzar cualquier estudio de orden superior. El descanso en la edad adulta significa explorar en lo más profundo de nuestro ser, pero con un criterio de madurez y con la clara conciencia de que en esta etapa muchas veces el no hacer nada es la fuente del máximo placer. Implica entonces preguntarse qué quiero hacer, qué dejé de hacer en mi vida que ahora puedo retomar. Implica también si tengo que reformular mi mundo laboral al descubrir que tengo que seguir trabajando para poder mantenerme a mí y a los míos, pero ojalá desde el placer por lo que se hace y no solo desde las obligaciones económicas. Este es un desafío de primer orden en nuestros países, donde existe tanta desigualdad y pobreza.

Una de las conclusiones quizá más importantes de la investigación y que se repitió en varios países es que nos cuesta descansar, que no sabemos hacerlo y que hoy se hace incluso más difícil con la modernidad que nos circunda. La tecnología –o el dios del siglo XXI, como la llamé en la investigación sobre la felicidad– en sus tres versiones (como una santísima trinidad): el televisor, el teléfono celular y el computador, inundó el espacio de descanso, convirtiéndolo a su servicio y haciéndonos asumir que, para la gran mayoría, descansar es sinónimo de desplomarse en la cama y conectarse con un cuadrado que nos entretiene con diversas imágenes.

El descanso en ningún caso significa no hacer nada, sino, muy por el contrario, hacer cosas distintas a las que se hacen comúnmente. Cada persona definirá lo que para ella y en su mundo más íntimo es descansar. Sobre lo que parece haber consenso es que un buen relajo no es volverse loco haciendo mil cosas ni tampoco no hacer nada y entregarse a la inmovilidad como un mandato. Era divertido ver en la investigación a mucha gente planteándose frente a la instrucción de «tienes que descansar» o «descansa ahora», ya que todos pensaban que luego de eso tendrían que volver a producir. Al final la vivencia de esta carrera era que descansar se transformaba paradójicamente en algo agotador.

El descanso es entonces una reformulación de las actividades y no la suspensión de las mismas, implica preguntarse, primero que nada, por los «quiero» y, luego, hacerlos convivir armónicamente con los «debo». Si, por otro lado, no se puede dejar de trabajar remuneradamente, creo que es fundamental tener en la vida adulta espacios de descanso, hobbies y momentos de esparcimiento que permitan renovar las energías y ayudar al cuerpo y al alma a recuperarse de esfuerzos acumulados por años. Esto es aún más importante cuando el trabajo que realizamos no produce sentimientos de bienestar y de placer.

Así como hay que revalidar el descanso, también es importante visualizar el poder sanador que tiene en muchos espacios de la vida el no hacer nada. El estar literalmente mirando el techo sin moverse, el observar contemplativamente la naturaleza y nuestro mundo interno no solo es «justo y necesario», sino que es fundamental para el encuentro con nosotros mismos y para proyectar nuestras vidas en función de alcanzar la mayor plenitud posible, entendiendo siempre que ser feliz es una decisión.

El ocio, por su parte, ese que tiene mala fama y que se asume como el padre de todos los vicios, es, en un sentido positivo y bien llevado, una invitación a un viaje hacia el mundo interior, al autoconocimiento y hacia un estado de armonía muy parecido al resultado que se obtiene de la meditación. El ocio y el descanso necesitan de un hermano, sin el cual no se podrá llegar a la plenitud de estos conceptos: el silencio. Este elemento del que hoy arrancamos con mucha intensidad, porque nos hace conectarnos con nosotros mismos y hacernos preguntas que, al responderlas, probablemente nos obligaría a hacer cambios, va adquiriendo mayor presencia a medida que pasan los años.

Estoy segura de que en no muy pocos años habrá que pagar por silencio, ¡si ya uno encuentra paquetes turísticos que lo ofrecen casi en forma exclusiva!

En la edad adulta no solo se tiende a buscar el silencio, sino que además este pasa a ser parte fundamental de la salud mental y física de los adultos en la modernidad. Por eso hay cada vez más personas mayores que practican yoga, se tratan con medicinas naturales y terapias alternativas y buscan todo tipo de disciplinas espirituales que los conectan con el silencio, el ocio y el descanso que, bien llevados, se han convertido en una eficiente fórmula de prolongar la vida y de vivir esta última etapa en profundidad y en contacto con las cosas importantes de la vida. Según los resultados arrojados por el estudio, estas serían los afectos primarios y secundarios (familia y amigos) y la búsqueda de la espiritualidad en cualquiera de sus formas.

Es importante resignificar el descanso, el ocio y el silencio, así como es importante entender que hay que volver a planificar la vida cuando la jubilación nos saluda. Hay que saber definir nuevos sueños, nuevas metas y objetivos en pos de los cuales movilizar toda nuestra energía y nuestra estructura psíquica a favor de este crecimiento. Al final descansar y aprender a hacerlo es una señal fundamental de autocuidado y de sanación interior.

Sería increíble que a partir de los treinta años tuviéramos presente esta redefinición del descanso y del ocio y pudiéramos entenderla como una invitación que va más allá de la búsqueda de placer. La investigación mostró que la gente que a los treinta pensó y actuó de acuerdo a esos planteamientos, pudo enfrentar la jubilación o el continuar trabajando después de ella con mucho más sentido, alegría y paz que los que no lo hicieron.

¿Por qué no nos dedicamos por un minuto a pensar, independientemente de la edad que tengamos, cómo definiríamos descanso y ocio y cuánto lo hemos podido disfrutar a lo largo de nuestras vidas? Resultará interesante enfrentarnos a nuestros miedos y culpas en relación a estos temas. Sin duda, y de acuerdo a lo observado en el estudio, la forma y el tipo de respuesta ante estas interrogantes determina casi en forma radical cómo se enfrenta el cambio de la vida productiva hacia la jubilación, sea esta el inicio del cese del trabajo o, en la mayoría de los casos (un 77% según las estadísticas), un punto de inflexión para luego continuar trabajando.

Es así entonces como el descanso y el ocio, en mi opinión y de acuerdo a los testimonios recogidos, es necesario reeducarlos desde la niñez. A los niños hay que enseñarles a descansar de diversas maneras: proponiéndoles hacer cosas diferentes a las cotidianas, instándolos a no hacer nada y a disfrutar del ocio y del silencio para que aprendan a escucharse y a tomar decisiones desde dentro de sí y no buscando motores externos. Si esto se potencia desde la niñez, tendremos adolescentes y adultos capaces de valorar el descanso como otra forma de productividad y una alternativa hermosa de crecimiento personal. Desde este lugar no nos costará tanto cambiar de actividad ni redefinir nuestros sueños cuando sea necesario hacerlo; es más, será una ayuda para darle mejor uso al tiempo y reconectarnos con las ganas de vivir fuera de la órbita de lo productivo.

Después de haber hecho esta revisión y de haber planteado estas preguntas que pueden no ser fáciles de responder, los invito a un momento de ocio y/o de descanso bien vivido y disfrutado.

Capítulo 3
El cuerpo habla

Los ciclos de la vida son curiosos… Si bien la vejez hoy está definida por criterios sociales más que por un número de años, nadie podría negar que el cuerpo es un indicador de que la vida avanza; es más, incluso podría decir que es el primero que nos ayuda a comentar socialmente que algo nos está pasando.

Digo que los ciclos de la vida son curiosos porque en la adolescencia ocurre lo mismo. Como bien sabemos, esta etapa se inicia con la pubertad y con los consiguientes cambios sexuales secundarios en el cuerpo, siendo la menarquía o primera menstruación en las mujeres y la primera polución nocturna en los hombres lo que daría la señal de que un nuevo proceso o etapa psicológica se inicia. En el proceso del adulto mayor pasa algo parecido: señales como la menopausia, la andropausia, la aparición de canas y arrugas, el ir perdiendo gradualmente la vista, el dolor de rodillas o cualquier otra articulación parecen indicar la llegada de una nueva etapa de la vida que, al igual que la adolescencia, supone muchos desafíos y planteamientos nuevos sobre las metas, sueños, vocaciones, etc. Me resultó maravilloso ver cómo la gente que participó en la investigación relacionaba estas dos etapas de manera tan directa y cómo desde el cuerpo ambas planteaban cada uno de sus desafíos. Entre las muchas coincidencias, muchos mencionaban que en ambas suceden cambios en el cuerpo que tienen amplia repercusión social y que son observados y evaluados por todo el mundo. En ambas hay un reto a partir de la resignificación y el uso del tiempo, lo que requiere un replanteamiento de la vocación y la importancia de preguntarse: ¿qué quiero hacer ahora?, ¿para qué sirvo?, ¿dónde están mis sueños, los cumplidos y los por realizar?

En el plano físico y psicológico, ambas etapas aluden a ciertos cambios hormonales y de personalidad, y a la acentuación de ciertos rasgos de personalidad; en ambas es muy relevante la aceptación corporal y están marcadas por una resignificación de la sexualidad que determina fuertemente los ciclos y las vivencias. Otro punto mencionado es que ambas etapas se caracterizan por una evaluación de la espiritualidad y una revisión de las creencias, unos en el inicio de la vida y otros en el proceso de finalizarla. La muerte, por ejemplo, cobra gran relevancia en ambas fases.

Es curioso cómo dos generaciones que parecen tan opuestas y que están tan llenas de prejuicios la una en relación a la otra, puedan tener tanto en común. De hecho, en la investigación era hermoso ver que cuando ambos grupos se juntaban y compartían sus miedos e inquietudes, era cuando más conclusiones podía extraer y más agradecidos quedaban por la capacidad de aprender del otro. Este puede ser un buen fundamento para potenciar las relaciones entre los jóvenes y sus abuelos y para lograr una participación social conjunta en la que los jóvenes aportan la pasión y la intensidad, rejuvenecen con sus nuevas experiencias y enseñan a manejar la tecnología, entre otras cosas, y los mayores transmiten paciencia, experiencia y sabiduría que calman la ansiedad de la juventud y entregan disciplina, rigor y esfuerzo para motivar a los chicos que recién inician su camino.

Resulta maravilloso que todo esto surja desde los cambios corporales que nos van ocurriendo a lo largo de la vida. Si bien se entiende que el cuerpo muchas veces no está en directa sintonía con el alma –cosa que ocurre en ambas etapas–, circula en el ambiente social, sin lugar a dudas, la premisa de que el éxito está asociado con la juventud y de que es en esta etapa cuando ocurren las cosas buenas, no así durante la vejez, cuando los cambios corporales se asocian solamente a la pérdida (de tonicidad, color, melanina, colágeno, movimiento, flexibilidad, etc.).

El cuerpo siempre es el primero en comunicar que algo está pasando y esto definiría los desafíos mentales y emocionales que tenemos que enfrentar a partir de estos signos. De esta manera, el qué hacemos con las canas y las arrugas, para empezar, parece determinar en gran medida cómo se vivirá el proceso. La actitud frente a estas «molestias» –que no siempre son dolores, pero que malamente las llamamos igual– también determinará la forma en que cada persona abordará los vínculos con sus seres más cercanos, particularmente con la pareja.

El cuerpo es un punto de partida y al mismo tiempo un punto de llegada, dependiendo de cómo se vivan o asuman dichos cambios que incluso en nuestro inconsciente son vistos como alteraciones; quizá si leyéramos estos cambios como nuevos signos que nos invitan al crecimiento y no como una pérdida, el proceso de la vejez nos resultaría bastante más llevadero.

Es importante considerar que se comienza a envejecer desde la gestación, siendo este un proceso permanente que culmina en la etapa de la vejez, que es cuando recién se hace observable y medible. Este camino involucra todo el ciclo vital y las personas lo van recorriendo de acuerdo a sus características y al medio en el cual les toca vivir y desarrollarse. Aun así –y debido al aumento de la expectativa de vida–, la vejez se ha trasformado en la etapa más larga del ciclo vital y llegará –como hemos visto– a concentrar la mayor parte de la población en muchos de nuestros países en pocos años más.

Los cambios en el cuerpo de los que hablábamos, en general son interpretados a partir de significados negativos, lo cual se debe a definiciones sociales muy rígidas de lo que es un cuerpo bello y sano. Todos esos atributos virtuosos están asociados a la juventud, donde todavía no se le pone atención al proceso de envejecimiento. Esta presión, más la mala asimilación cognitiva y emocional de estos cambios, llevan a que vivamos la vejez en una permanente contradicción: por un lado, agradecemos esos sentimientos positivos que implican la experiencia de permanecer activo y de dejar atrás las obligaciones y los deberes, pero, por otro, nos inundan sentimientos negativos centrados en los problemas de salud y el temor a depender de otros. Esto sin considerar el enorme porcentaje de personas que tienen que meterse al bolsillo los síntomas corporales porque están obligadas, de una u otra manera, a continuar produciendo.

En geriatría, para saber si una persona está envejeciendo bien, suelen analizarse cuatro dimensiones: lo biomédico, que chequea las enfermedades y antecedentes de riesgo; la parte mental, que rastrea problemas de ánimo, memoria y demencias posibles; la esfera social, que se fija dónde está inserta la persona y los roles que juega en la sociedad, y, por último, la más importante, la funcionalidad, que tiene relación con el grado de autonomía e independencia que maneja esa persona. Es por esto que resulta clave aumentar el tiempo en que se es independiente, ya que, como definimos anteriormente, la vejez tendía a definirse como el momento en que esta, de una u otra manera, se pierde.

Me parece necesario en este punto detenerme en la valoración que le damos al cuerpo y en las contradicciones que todos los días experimentamos con él. Como occidentales –preocupados siempre de lo que está afuera de nosotros y desde ahí actuar hacia el mundo interno– somos personas que, al parecer, no hemos aprendido a escuchar lo que el cuerpo nos dice diariamente. No solo no escuchamos, sino que, por el contrario, a la menor señal incómoda que nos llega corremos a buscar un medicamento o alguna solución externa que rápidamente alivie o elimine esa información.

Si esto lo hacemos con el cuerpo, con las señales del alma es mucho peor… Ignoramos cualquier pista del mundo afectivo que nos pueda hacer sospechar que algo nos está pasando. Las angustias, las penas, los cansancios y tantos otros indicadores son, por muchos, no escuchados y, en muchos casos, tapados con trabajo, actividades, remedios y cualquier otro distractor que nos ayude a no hacernos cargo de lo que nos está pasando. Un sencillo ejemplo que grafica muy bien esta situación es aquel que citaba en mi libro *No quiero crecer*: un niño no puede decir con toda libertad que no ha estudiado para la prueba de matemáticas por la pena que tiene al oír a sus padres que se separarían. La autorización para posponer la prueba quedará a criterio de la humanidad del profesor y a que este no fuera víctima del gran mal que aqueja a Latinoamérica, la desconfianza. Pero si ese niño, en cambio, presenta un certificado médico por una bronquitis obstructiva nadie pondrá en duda la enfermedad y es altamente probable que le den una nueva fecha para dar la prueba.

De este modo vemos entonces cómo desde muy pequeños nos vamos educando en no escuchar las señales del alma y de los afectos y en validarlas como significativas y profundas; sí le prestamos, en cambio, gran atención a las enfermedades del cuerpo, recurriendo de forma inmediata a la medicina para que las haga desaparecer. Escuchar al cuerpo significa preguntarse cuál es el mensaje que ese dolor, esa molestia, o esa dificultad corporal me está queriendo transmitir, y para eso se requiere cierto tiempo en el que podamos escuchar ese dolor desde el corazón y tolerarlo, sin tratar de erradicarlo de inmediato.

Cuando veo con enorme tristeza que mi país tiene más farmacias por metro cuadrado que otros países del mundo hispano y compruebo que Perú se acerca peligrosamente a las mismas cifras, me pregunto cuánto estamos escuchando al cuerpo, cuánto estamos escuchando al alma para que pensemos en el medicamento como la primera y más rápida solución; desde niños debiéramos desarrollar recursos de sanación interior para aprender a convivir con ciertas molestias.

Es sobrecogedor o preocupante –al menos– ver lo llenos que están todos los establecimientos de salud en nuestros países; tanto los privados como los públicos están siempre a tope. ¿Qué nos está pasando?, ¿estamos todos tan enfermos?, ¿qué es lo que de verdad está enfermo, nuestro cuerpo o nuestra alma? Hay una frase de un hombre sabio que dice que si el alma llora y el cuerpo no lo escucha, entonces el cuerpo grita, lo que se traduce en enfermedades.

¿Se dan cuenta entonces de lo fundamental que resulta estar atentos a los mensajes del alma? ¿Qué pasaría si les enseñáramos a nuestros niños a escuchar sus penas y sus alegrías, a transmitir sus miedos y sus rabias cotidianamente y de forma adecuada? Les aseguro que no pocas empresas médicas quebrarían y mucho de lo que sostiene hoy a los criterios médicos tendría que ser revisado.

Si a este escenario de farmacias en cada cuadra y establecimientos médicos colapsados le sumamos lo específica y comercial que con el tiempo se ha vuelto la industria, el panorama es desolador. Ese médico de cabecera que conocía a toda la familia y que con solo tocar la frente del niño sabía qué temperatura tenía, está en profunda extinción y ha sido reemplazado por un nivel de especificidad casi ridículo; hoy en día para prácticamente todo se necesitan miles de exámenes que, si bien pueden ser maravillosos y muy útiles, relevaron al criterio y el clásico ojo médico, y nos condenaron a un peligroso nivel de dependencia. Esto adquiere especial relevancia con el paso de los años, ya que a los setenta, por ejemplo, cualquier examen que uno se haga –sobre todo dada la tecnología actual–, algo va a encontrar, y, por lo tanto, se requerirá de determinado tratamiento. En la investigación, muchos comentaban del terror que genera ir a un control médico porque es muy posible no salir nunca más de ese lugar.

En ningún caso con esto quiero decir que no habría que ir más al médico y que debiéramos prescindir de los tratamientos; muy por el contrario, creo que si la expectativa y la calidad de vida han aumentado se debe en gran parte a los avances en esta área. El llamado que estoy haciendo de acuerdo a los resultados de la investigación es a que es muy necesario revisar nuestro mundo interno y escuchar nuestras emociones. No puede ser que exista tanta gente a la que le guste ir a los centros de salud y que se sienta segura mientras más exámenes se hace. No puede ser que hospitales, clínicas y consultorios estén llenos y con filas de gente esperando para ser atendida (y esto sin considerar la ineficiencia y falta de humanidad que se encuentra en muchos de estos lugares).

Sin duda hay mucho que hacer en salud, pero, por sobre todo, hay mucho que hacer con la educación de variables emocionales y corporales que nos hacen interpretar y valorar la información que entrega el cuerpo de manera diferente a como lo hacemos hoy. Parece ser un hecho que si no hemos escuchado al cuerpo y el alma durante nuestra juventud y edad adulta, nuestra vejez nos pasará la cuenta. Es aquí donde, por ejemplo, conductas como el enorme sedentarismo de la población adquieren gran relevancia, ya que si no nos cuidamos comiendo sano y haciendo ejercicio durante la juventud, las consecuencias cardiovasculares y artríticas durante la vejez serán inevitables. El viejo que seremos mañana o que somos hoy dependerá o depende del joven y del adulto que fuimos ayer.

El tema del ejercicio parece ser la clave más importante para transitar por esos años con buen estado físico y salud, con dinamismo, vitalidad y lejos de los médicos. Por lo mismo resulta dramático que nos cueste tanto ejercitarnos, aunque hay que reconocer que, en el último tiempo, en casi todos los países se ha ido desarrollando esa conciencia. Si sabemos que nos hará bien, que con ello prevenimos un sinnúmero de problemas, que nos mantendrá sanos y que además nos reportará beneficios estéticos, entonces ¿por qué no lo hacemos? La respuesta tiene muchas aristas y una de ellas tiene que ver con la poca conciencia que tenemos del paso del tiempo y de lo rápido que pasamos por ellos. Claramente no nos preparamos para la vejez, estamos demasiado preocupados por las exigencias de la carrera de la juventud y de la adultez para pensar que en algún momento nuestro cuerpo tendrá que sostenernos. La prevención está focalizada mayoritariamente en la generación de recursos y en ahorrar, y como para eso hay que trabajar mucho, no queda entonces tiempo para preocuparse de la máquina que genera esa producción. Solo se toma conciencia de ella cuando esta prende sus alarmas e informa que algo pasa. Siempre se ha dicho que el cuerpo no se siente hasta que se enferma; yo no siento que tengo cabeza o espalda en forma permanente, solo cuando me duele una u otra es cuando asumo que tengo que preocuparme. Si esa ha sido mi actitud durante toda la vida, es mucho más probable que, llegada la vejez, tenga más dificultad para asumir esos problemas en un sentido positivo.

Otra de las causas de la poca conciencia que tenemos de la importancia del ejercicio es el gran problema del siglo XXI: el debilitamiento de la fuerza de voluntad. Este concepto que desaparece angustiosamente de nuestra realidad nos lleva a considerar mejor todo aquello que es instantáneo: es más fácil operarse que incorporar el ejercicio a nuestra rutina diaria, es más rápido medicarme con un ansiolítico o un antidepresivo que preguntarme qué me pasa, es más efectivo tomar adelgazantes que implementar un cambio radical en nuestra alimentación. En fin, son muchos los ejemplos que reflejan que este concepto está en crisis, y si lo está, todo lo que tiene que ver con el autocuidado también lo estará.

En realidad, la lógica es muy simple: si he comido mal durante toda la vida, si nunca he hecho ejercicio, si tengo vicios como el alcohol y el cigarro, si no he escuchado los mensajes que me dio mi cuerpo mientras era niño, joven y adulto, ni mucho menos le presté atención a lo que decían mi alma y mis afectos, entonces cuando llegue a ser adulto mayor, sin duda, todo me resultará más difícil y doloroso. Mientras la juventud y la adultez solo se entiendan desde la lógica de la máquina que genera recursos para asegurar la vejez, todo se complicará cuando nos demos cuenta de que nuestro envase, la estructura que nos sostiene, entra a rebelarse por el maltrato recibido.

Otro punto que no puedo dejar de mencionar en este capítulo es algo que cada vez resulta más común y que dice relación con la no aceptación de los cambios naturales que, con los años, el cuerpo empieza a experimentar. Esta no aceptación puede generar mucha hostilidad en el mundo interno e incluso dar origen a fuertes depresiones; generalmente tiene que ver con ser muy vulnerable frente a las presiones sociales y con comprar al contado los cánones de belleza imperantes hoy en día. Estas presiones parecen evidentemente ser más exigentes con las mujeres que con los hombres, a los que se les sigue queriendo con canas, calvos y con cierta ponchera o panza. Sin embargo, en la investigación pude comprobar que esto poco a poco ha ido cambiando y que son cada vez más los hombres que entran en la carrera del gimnasio, las cirugías y otros tratamientos que los hagan sentir que el tiempo no ha pasado.

Como ya hemos visto, las causas del boom de las cirugías se relacionan directamente con la no aceptación del paso de los años y lo que el cuerpo está informando, así como con la sensación de que existe una discordancia entre el cuerpo y el mundo interno; nos encontramos aquí con personas que se sienten más jóvenes de lo que se ven y desde ahí comienzan una carrera por intentar anular aquella evidente contradicción.

En el marco de la investigación, todos los adultos mayores coincidieron en reconocer que se ven y se sienten mejor que sus antepasados a sus mismas edades y también estimaron que esto seguramente aumentará con el tiempo. Muchos de ellos dicen sentirse estupendamente a los sesenta años y lo mismo afirman muchos que sobrepasan ese rango etario. Esta evaluación positiva se debió casi en el cien por cien de los casos al mantenimiento de la actividad física y a la sensación de sentirse útiles.

Hasta aquí todo parece ser ideal y muy sano. Hacerse un retoque para vernos más lindos y parecer más joviales y descansadores, contando con los recursos para ello, me parece óptimo y revitalizador. El problema está en definir cuándo se termina con este proceso, cuándo salimos de esta dinámica y somos capaces de decir «llego hasta aquí, porque si sigo, los cambios que vengan me harán daño, me harán parecer algo que no soy». Es tremendo ver a esos hombres y mujeres que dejaron de ser quienes fueron para transformarse en caricaturas del ayer y a quienes me cuesta imaginar cómo se reconocen al mirarse al espejo. Caras estiradas, bocas hechas de nuevo, pieles dañadas en manos y cuello que no pueden ocultar el paso de los años. Es triste ver cómo miles de personas se niegan a aceptar el paso del tiempo, perdiendo toda dignidad en una carrera que tiene mucho de adicción y, por lo tanto, de enfermedad. Hoy en día se agradece ver a adultos mayores aceptando sus canas y/o arrugas con orgullo, asumiendo que cada una de ellas refleja y sintetiza los años y experiencias vividas.

Vivimos una época presa de una obsesión por la juventud, por el cuerpo; tenemos poca madurez social para aceptar el paso del tiempo y para enfocarnos en embellecer lo que tenemos; nos cuesta entender cómo salir de esta fijación absurda y desproporcionada con parecer joven todo el tiempo.

En el otro extremo se aprecia el abandono por el autocuidado, lo que ocurre sobre todo en los niveles de menos recursos. Las frases más mencionadas en la investigación eran «si ya estoy viejo para qué cuidarse tanto si uno ya está en otra etapa»; algunos que estaban en pareja afirmaban «pero si llevamos tanto tiempo, ya da lo mismo cómo esté», mientras que muchas solteras declaraban «pero si estoy sola, nadie me ve, da lo mismo si estoy gorda o qué ropa interior me pongo». Al reproducir estas frases me acuerdo de los tantos rostros que me las repetían como si fueran de lo más normales; no existe la conciencia de cuidarse por un tema de autoestima y menos de salud y prevención de la vejez. El abandono es total y solo se considera algún tipo de preocupación cuando se presenta algún evento que requiera de cierta aprobación social (matrimonios, bautizos, graduación de un hijo, etc.), ahí recién aparece la conciencia del cuerpo.

Tengo que reconocer que entre ambos extremos mencionados hay un grupo cada vez mayor que ha desarrollado conciencia de su cuerpo y del cuidado que este requiere. Cada vez es más frecuente ver gente de todas las edades haciendo ejercicio en plazas públicas, yendo al gimnasio y comiendo sano. Espero que la razón más profunda de esos cambios tenga que ver con la salud y la prevención y no solo con la apariencia, lo estético y con llegar a estar dentro de los parámetros de belleza imperantes en nuestras sociedades. La tercera edad de hoy es una generación de transición entre los que no se preocuparon de cuidarse y los que se están subiendo al carro de la prevención.

El cuerpo habla, qué duda cabe, lo importante es entender que se requiere de una conciencia social de que este «envase» necesita de un cuidado constante, desde que somos niños, con dedicación, cariño, una buena alimentación y ejercicio permanente. Si tenemos el hábito de cuidarlo llegaremos a nuestra vejez más sanos y plenos, incluso en cuanto a belleza se refiere, sin tener que caer en esas carreras absurdas y patológicas que niegan el paso del tiempo ni resignarnos en un abandono que es tan complicado y dañino como lo anterior. Dicen que uno es lo que come y lo que hace con su cuerpo durante toda la vida. Esto determinará todo nuestro proceso de envejecimiento.

CAPÍTULO 4

Vejez y pareja (desafíos y privilegios)

Quizás uno de los miedos más comunes en todo ser humano sea llegar a la vejez solo. Desde algún lugar, a todos nos gustaría entrar a esta etapa de la mano de alguien con quien recorrer lo bueno de esos años y con quien compartir los miedos y desafíos que van apareciendo con el flujo natural de la vida. Los que han llegado o llegarán a ese momento con una sola pareja, sin duda tienen muchas cosas a favor y algunas en contra. Por un lado, es evidente que el haber caminado toda la vida con la misma persona se traduce en un conocimiento mutuo y una confianza que si se suma a una relación basada en el amor, redunda en un vínculo fuerte y en un grado de amistad fortalecedor necesario para enfrentar los momentos difíciles de la vejez. Esto asegura cierta complicidad que, acompañada del buen humor, sin duda podrá hacer de esta una edad provechosa y ayudará a la pareja a resolver y adaptarse de manera eficiente a las dificultades o desafíos a los que les toque hacer frente.

Por el otro lado, dicen que aquellas características que hacen que nos fijemos en otro en algún momento, esas que que atraen y conquistan, son las mismas que terminamos odiando con el tiempo. Si, por ejemplo, me atraía él por su sentido del humor, probablemente con los años lo iré encontrando superficial y alguien con quien no se puede nunca hablar en serio. Si era muy protector y decidido y me hacía sentir segura y contenida, con el paso de los años podría parecerme prepotente, dominante y machista. En el caso de las mujeres es lo mismo: si me encantó una mujer porque era libre e independiente, después me puede preocupar que no se ocupe de su casa o de sus afectos primarios.

Es que así somos, complejos y maravillosos. No debemos además olvidar que el paso del tiempo acentúa todos los rasgos de personalidad, incluyendo lo bueno y lo malo que todos llevamos dentro; entonces, si alguien de joven era rabioso, es muy posible que de mayor se convierta en un viejo cascarrabias, lo que requerirá de más paciencia, tolerancia y mucho sentido del humor para manejarse en este nuevo escenario.

Es importante también mencionar la importancia del respeto por los gustos, que seguramente irán cambiando, el respeto por los tiempos y la aceptación de una forma distinta de relacionarse afectivamente: muchos vínculos parecerán transitorios, la gente viene y se va, y la pareja se verá enfrentada a sí misma quizá de manera más frecuente. Es importante entonces compartir y calibrar las cercanías y los silencios con los tiempos colectivos y los cuidados que la pareja necesita.

Quizá por esto es que resultan preocupantes los códigos de relación de la juventud, porque el concepto de lo desechable, de la poca paciencia basada en un mala definición de la autoestima, donde lo único que pareciera importar es lo que quiero yo y cómo se las arreglará el resto para hacerme feliz, parece ser un transporte que solo me llevará a la soledad. Las frases «yo no quiero tener problemas» o «prefiero solo que mal acompañado», desde algún lugar invitan a pensar que es el otro quien tendría que cambiar y no yo, y a creer que si no me dan lo que pido o de la forma en lo que lo necesito, lo más fácil es decir adiós.

Aquí un tema importante parece ser en qué se invierte en la vida. Como veíamos en capítulos anteriores, estamos entrenados para invertir en cosas materiales; la seguridad económica nos ayudará, sin lugar a dudas, a enfrentar de buena forma el paso de los años y así reducir los miedos que este mismo proceso genera. De hecho, cada vez se escucha más el discurso de que si uno tiene dinero resolverá de manera eficiente todos los problemas, asumiendo implícitamente que lo afectivo es secundario.

En la vereda del frente de los que llegaron al final de su vida con una pareja única, están los valientes que decidieron romper una relación tóxica en beneficio de su salud mental y comenzar de nuevo. Aquellos que lograron darse cuenta de que estaban en una relación deformada, sin amor y con vicios irrecuperables, se pegaron literalmente el salto por la independencia, con la esperanza de que esa soledad abriera sus puertas a un futuro amor que lograra consolidar una vejez acompañada, pero con alguien con quien la construcción de la pareja fuera lo suficientemente sana como para enfrentar esa etapa. Esta nueva pareja a lo mejor no se conocerá tanto ni tendrá una experiencia de vida en común, pero dada la experiencia aprendida de la o las anteriores relaciones pondrán todo de su parte para disfrutar de lo bueno y aprender de lo malo. Además, las parejas consolidadas a mediana edad ya debieran visualizar, incluso en la decisión de estar juntos, la posibilidad y, por qué no decirlo, el anhelo de compartir la vejez con todo lo que ella traiga.

Existen situaciones cotidianas que llegada la jubilación es importante conversar y revisar. El manejo de los tiempos, por ejemplo, parece ser clave en la armonización de la pareja. Cuánto se respetan los tiempos personales, el hacer cosas solos y en qué medida son capaces de diseñar tiempos compartidos en forma entretenida podrá determinar el estado final de gozo diario de cada uno de los integrantes de la pareja. Esto otra vez dependerá de la historia de esa pareja y de cómo han ido resolviendo estos temas a lo largo de la vida, porque si no lo han sabido hacer a los treinta o a los cuarenta, difícilmente se podrá hacer a los cincuenta, sesenta y demás. Otra vez aparece el concepto de

81

prepararse a lo largo de la vida para tener una buena vejez.

Es importante mencionar que esa pareja –sea esta la de toda la vida, una reciclada o la que se haya formado después de algunas otras experiencias– ya entrada en la vejez se verá enfrentada al desafío de la soledad, porque los hijos –ya sean de los dos o de uno de ellos– se habrán ido de la casa para hacer su propia vida. Solo quiero resaltar cómo puede esto afectar a la pareja, porque de la familia en general hablaré en otro capítulo, y en este sentido, esta nueva situación obligará a estos dos seres a ver el rostro del otro que hace tiempo probablemente no veían y les dará la oportunidad de volver a conocerse, volver a gustarse y, ojalá, volver a ser novios y esta vez para siempre. En cualquier caso, este puede ser un momento duro… si nunca cuidaron los afectos, si estuvieron muy preocupados del resto y no entendieron que lo principal y el motor de todo eran ellos dos, el volver a encontrarse con la pareja frente a frente luego de tanto tiempo puede generar más de un roce o dificultad. Esto es muy frecuente de encontrar entre aquellas personas educadas solo para cuidar los trabajos y no los amores.

A todos nos han enseñado a cuidar los trabajos porque es de público conocimiento que los podemos perder si no lo hacemos, pero en ningún momento se nos ha dicho que la empresa que se está yendo a quiebra en América Latina es la familia y, más específicamente, la pareja.

Un día conversando con el gerente general de una compañía muy importante y exitosa en el mundo hispano, me contaba con angustia que tenía serios problemas de pareja y pensaba que al final terminaría separándose. El hombre no entendía por qué pasaba esto si él quería mucho a su mujer. Le pregunté entonces cuánto tiempo le dedicaba diariamente a su empresa para que pudiera estar dentro de esos tan altos lugares de reconocimiento y él me responde sin movilizarse mucho y hasta con cierto orgullo que entre nueve y diez horas diarias y que los fines de semana, por las noches, la vigilaba por la computadora. Cuando le pregunté cuánto tiempo diario le estaba dedicando a su mujer para llegar a la relación de pareja que hoy tenía, con los ojos llenos de lágrimas reconoció que con suerte una hora diaria y alguna comida de repente los fines de semana. Él lo entendió rápido, entendió que no podía tener los mismos resultados de su empresa en su pareja si no le dedicaba tiempo concreto, y que si quería mantener su matrimonio tenía que generar un cambio desde ahí.

Por eso insisto en que la gran decisión de la vida es invertir no solo en la productividad laboral, sino también en los afectos. Lo que parece ser clave es que hay que hacerlo conscientemente, entendiendo el amor como una decisión. Siempre me he preguntado por qué si la mayoría de las empresas analiza por lo menos una vez al año –y a veces más– los resultados, las necesidades y los costos, no puede hacer lo mismo una pareja y una familia para ver cuáles son los objetivos o sueños de sus integrantes y hacer planes para la felicidad de todos. Creo que no se hace simplemente porque daría vergüenza contarlo. En este contexto, el amor parece que solo se vive, no hay que conversarlo ni mucho menos planificarlo, porque a la vista de todos perdería la magia. Gran error si queremos disfrutar de la vida en plenitud y llegar a la vejez acompañados no solo de parejas sanas, sino también de otros afectos que hayamos sido capaces de cultivar a lo largo de la vida.

Estos desafíos conjuntos de los que hemos venido hablando implican también desafíos individuales para lo femenino y masculino, para hombres y mujeres tanto hetero como homosexuales. Vamos primero a detallar los retos que trae para los hombres el paso del tiempo.

Unos de los motores de la identidad masculina a lo largo de la vida son el trabajo y la sexualidad; culturalmente hemos enfatizado en ambos aspectos para considerar a determinado hombre un varón de tomo y lomo. Con el paso de los años, ambos aspectos necesitarán una reevaluación y un cambio de giro. Al momento de jubilar, el sentido de lo que es el trabajo cambia radicalmente y si no se reformula puede producir una crisis fuerte y difícil de resolver. Aquí adquiere sentido la redefinición del descanso y cómo el realizar actividades no remuneradas también puede llenar el alma y el no hacer nada incluso puede generar placer. Si ese hombre después de la jubilación necesita seguir trabajando, tendrá que armonizar dentro de sí mismo la contradicción entre querer descansar –y necesitar seguramente hacerlo– y no poder ponerlo en práctica por una obligación económica.

Respecto a la sexualidad, el mandato del rendimiento muchas veces sobrepasa al placer y al cuidado del otro en el marco de un proceso que va más allá de la penetración. Cuando lo masculino se basa en la penetración y el rendimiento sexual, la carga puede ser muy pesada para los hombres con el paso del tiempo. Las consecuencias de esto pueden ser la adicción a la conquista permanente para probarse a sí mismos que pueden lograrlo –llegando a arriesgar relaciones estables– o incluso una depresión silenciosa que conduce a un círculo de aislamiento y soledad que, a su vez, llevará a su mujer a sentirse igualmente sola, abandonada y, sobre todo, no necesitada por él, que es lo peor que le puede pasar a una mujer.

Convengamos que para los hombres, el mandato sexual es muy fuerte y debe ser agotador cuando se siente como un imperativo. Tener una erección y mantenerla durante el mayor tiempo posible es una presión social e interna muy difícil de manejar si es que no existe una buena comunicación con la pareja que logre llevar la sexualidad a otras dimensiones. De hecho, esta era una de las mayores preocupaciones de muchos de los hombres que participaron en la investigación y aquí se concentraban casi todos sus miedos, independientemente de sus edades. No por nada el mayor consumo de Viagra se da en jóvenes entre los treinta y los cuarenta años. La presión por probar su potencia al primer encuentro sexual es tan alta que para no fallar toman medicamentos sin confiar en ellos o en la dinámica de la relación.

Dice la gente sabia que cuando un hombre se logra liberar internamente de la presión y del mandato de ser un gran macho erector, es cuando mejor amante es. Esto porque llega a valorar tanto el proceso que el uso del pene pasa a ser un detalle dentro del contexto del disfrute de todo el cuerpo. De esta manera será posible recuperar y reconocer el valor de la palabra y las caricias como instrumentos de seducción.

Por eso es tan importante que un hombre no ubique el centro de su identidad solamente en el trabajo y la sexualidad, sino que entienda que la admiración y el reconocimiento, esos elementos externos que tanto necesita conseguir, los obtendrá por otros caminos que van más por el cuidado de lo emocional; solo de esta manera podrá desapegarse de los mandatos y empezar a disfrutar desde otro lugar.

La estructura masculina funciona en forma natural en base a objetivos y, por lo tanto, los hombres suelen sentirse satisfechos con la llegada de las cosas, el camino en general no les interesa mucho. La gran tarea que tendrán entonces en la vida será retener, cuidar lo que tienen, para que el paso de los años no se les haga muy difícil. Un primer paso en esta dirección será aprender a decir lo que sienten, sobre todo a sus seres más queridos. Tendrán también que entrenarse en visualizar los detalles y los procesos afectivos, y no únicamente las metas. No solo es importante haber llegado a tener una casa, es indispensable para su mujer que ese hombre esté cotidianamente ahí, asumiendo y disfrutando cada uno de sus derechos y obligaciones. Un hombre que no haya aprendido estas cosas corre el alto riesgo de quedarse solo en la vejez (quizás es por esto que en las calles siempre hay más mendigos hombres que mujeres, estas casi no existen).

En resumidas cuentas, es muy probable que el hombre que nunca aprendió a retener, cuando se vea enfrentado a momentos de vulnerabilidad, es decir, cuando esté cesante, enfermo, pobre o viejo, no tenga a nadie a su alrededor, porque no supo cuidar su entorno afectivo al estar solo preocupado de sus metas. Como planteé en mi libro *Viva la diferencia*, los hombres son eminentemente «soltadores», por lo que tienen mala memoria emocional, hablan menos y pueden dar vuelta páginas de la vida con mucha rapidez. Bajo este mismo principio se pueden haber olvidado de su mujer, de sus hijos, de pagar una pensión de alimentos, etc. Mi consejo es que tengan cuidado con esto, porque todas estas decisiones pasarán la cuenta llegada la vejez, con todo el riesgo de ser sancionados, mal evaluados y de quedarse muy solos.

Por otra parte, los hombres que hayan aprendido a retener y a cuidar los procesos llegarán a la vejez llenos de afectos y rodeados de gente que los sabrá contener en las dificultades. Si este aprendizaje fue incorporado, ocurrirá también que esa predisposición natural de los hombres para enojarse –aquella que reforzaba su masculinidad– se convertirá en una nueva facilidad para entristecerse. Es por esto que es muy frecuente ver a abuelos llorar y emocionarse fácilmente a medida que pasan los años, mientras que las mujeres sufren el proceso inverso. Nosotras hemos sido educadas para entristecernos y nos aprendemos a enojar con los años. Es debido a esto que los abuelos tengan cierto dejo de dulzura y algunas abuelas sean vistas como más mal genio o de mal carácter.

Uno de los aspectos más positivos de la estructura masculina y del cual la femenina debiera aprender, es la enorme capacidad que tiene de juego, de gozar con lo simple y el anclaje en el presente, lo que les ayuda enormemente a complicarse menos la vida y a aplicar sentido del humor y del disfrute frente a cualquier circunstancia. Esto es un factor de salud mental que en los países con mayor dificultad de sonrisa –como el mío– puede ser interpretado como un signo de inmadurez, y una herramienta que puede ayudar mucho a resolver situaciones difíciles.

Uno de los elementos que generan mayor infelicidad entre los hombres es no poder encontrarle solución a las cosas, no poder controlarlas y no cumplir las metas que se han propuesto. Es por esto que, en general, los hombres tienen tan mala predisposición y actitud frente a la enfermedades y a todo lo que se relacione con ellas: hospitales, médicos, remedios, inyecciones, etc., sean ellos los que lo viven o sus más cercanos. Este es un escenario que les da rabia y frente al que se sienten impotentes; se enojan con una por estar enferma como si fuéramos culpables de ello. Lo mismo les pasa cuando tenemos pena, frente a lo cual tienden a plantearnos soluciones, sintiendo genuinamente que así ayudarán a que la tristeza se pase, produciendo con esto el efecto contrario, porque de esta manera nosotras no nos sentimos contenidas y acogidas.

Un clásico ejemplo expuesto por una mujer durante la investigación es que ella llegó muy triste a la casa y él, al verle la cara (por lo visuales que son los hombres), le preguntó qué le había pasado. Ella le contó a medias que había discutido con su mamá y que eso la tenía apenada. Para intentar ayudarla, él aplica la técnica masculina de dar soluciones y le dice: «Gordita, tú sabes cómo es tu mamá, no tienes que hacerle caso». Esta frase gatilla un nuevo sentimiento en ella: al sentir que su mamá está siendo criticada, instintivamente salta a defenderla, y eso lleva a una tremenda discusión que se centra en la madre y no en la pena que era lo importante. Lo que esa mujer en el fondo necesitaba era un abrazo, un vaso de jugo, comida en la cama, un baño de inmersión o cualquier cosa que la hiciera sentir que el marido la entendía desde los afectos y no solo desde lo racional. Lo mismo pasa con el llanto femenino: a los hombres les cuesta simplemente mimarnos sin decir mucho y les tiende a dar rabia vernos así. Se sienten impotentes e inútiles, y en vez de ir y abrazarnos, que es lo que necesitamos, se alejan y nos dejan solas, como quizá les gustaría a ellos que lo hiciéramos nosotras con ellos. Pero, claro, hay aquí una contradicción porque cuando los hombres se sienten vulnerables, suelen ponerse muy mimosos y con una actitud casi infantil marcada muchas veces por la exageración, la baja tolerancia al dolor y el no muy buen humor producto de la rabia y el miedo que les da sentirse así.

Es muy importante entender algo que hemos ido descubriendo en mi Fundación CáncerVida, y es que muchas veces en la vida cuando el cuerpo se enferma, el alma sigue sana y no tiene ninguna alteración; esta está sana para reír, para amar, para dar lo mejor de sí, independiente de lo que le pase al cuerpo. Esto apunta a entender que aun en un estado complicado, como puede ser cualquier enfermedad, existe un espacio de libertad que está determinado solamente por la actitud, y esto es algo que le cuesta mucho más entender y aplicar a los hombres que a las mujeres, por las razones que anteriormente di.

En resumen, para que un hombre no se resista a envejecer tiene que haber trabajado los paradigmas de su identidad: el trabajo y la sexualidad. Para haber hecho eso tiene que entender el valor de la comunicación verbal y no verbal, tiene que aprender a expresar sus sentimientos, sobre todo con los que más ama. Tiene que haber aprehendido el valor de los procesos y los detalles habiendo disfrutado el logro de algunos de sus objetivos de vida, y, finalmente, tiene que salirse del mandato de la potencia y el rendimiento sexual. Debe también asumirse vulnerable y dispuesto a pedir ayuda aceptando tanto su vulnerabilidad como la de los demás, especialmente de los más cercanos. Debe tomar contacto con su capacidad de jugar y estar anclado en el presente, e intentar transmitírsela al resto. Debe hacer el esfuerzo de contener sin pensar que todo se trata de dar soluciones.

El caso de las mujeres es distinto; nosotras estamos diseñadas desde lo biológico para retener, y esto, a medida que pasan los años, se va haciendo más patético y evidente. La retención de líquidos aumenta y todo el metabolismo camina a paso de tortuga, indicándonos que algo hay que hacer para acelerarlo. Es en este punto cuando uno descubre que el ejercicio y mucha agua son elementos que se incorporan a nuestra vida para no irse nunca más y cuando nos hacemos conscientes de que si los hubiéramos integrado siendo jóvenes, la llegada a este momento hubiera sido muy distinta y mucho más fácil. La conducta retentiva –tal como aparece en la investigación plasmada en el *Viva la diferencia*– trasciende lo físico y es por esto que retenemos recuerdos y somos preguntonas, insistentes y reiterativas. Por lo tanto, es clave aprender a soltar, ese es el gran aprendizaje que debemos incorporar las mujeres durante la vida. Dejar de hacer lo que nos hace mal y quedarnos con lo que nos hace bien parece ser clave para poder disfrutar el paso de los años y que no nos transformemos en señoras quejumbrosas y víctimas de lo que nos ha tocado vivir.

Otro de los grandes aprendizajes que deben incorporar las mujeres durante la vida y que es producto de aquello que anhelamos en nuestro mundo emocional, es entender que a nosotras nos tienen que querer por lo que somos y no por lo que hacemos; en otras palabras, debemos evitar necesitar sentirnos necesarias. Cuando una mujer construye su identidad en base a lo que hace, va por muy mal camino, ya que no podrá dejar de hacer nada, incluso aquellas cosas que no le gustan, porque se muere del terror de ser mal evaluada y, por ende, dejada de querer por esa evaluación. Es común ver a mujeres que prefieren hacer aquellas cosas que odian, quejarse la vida entera y no dejar de hacerlas para no recibir esa evaluación; muchas veces esta actitud se sustenta en el miedo a que los hombres se acostumbren a hacer las cosas solos y ya no la necesiten para nada. Si la mujer está centrada en lo que es, podrá soltar sin culpa, hacer las cosas sin quejarse –porque desde algún lugar las eligió– y ver el paso de los años como una liberación para conectarse con lo que le gusta y lo que siempre ha querido y antes no podía debido a sus responsabilidades y a su necesidad de sentirse necesaria.

Es por esto que el nido vacío les afecta tanto a muchas mujeres, porque sin los hijos en la casa se quedan con la sensación de estar cesantes; el trabajo de cuidar a otros se les acabó y no saben qué hacer con su tiempo extra. De esta manera comprobamos que a aquellas mujeres que han desarrollado proyectos personales a lo largo de su vida no les afecta por igual la partida de los hijos; seguramente en el camino aprendieron a soltar y a disfrutar del presente.

Si bien las mujeres juegan menos y suelen enrabiarse más con el paso de los años –es como si fueran perdiendo la dulzura–, también es cierto que eso lo pueden cambiar si han trabajado su mundo interior y valorado los procesos y detalles, que es la gran fortaleza femenina. Es por eso que casi en el cien por cien de los casos la vejez femenina es una vejez acompañada, con muchas o pocas personas, pero importantes para ella. Sus desafíos entonces serán aprender a pedir ayuda cuando la necesiten, decir que no cuando no quieran o no puedan hacer algo y, sobre todo, dejar de echarle la culpa al mundo entero de lo que les pasa, haciéndose cargo y siendo protagonistas de su vida y no víctimas de la misma.

En términos sociales y afectivos necesitan ser escuchadas y poder mostrarse vulnerables; de este modo surge la importancia de los grupos que son un buen lugar –sobre todo si no tienen pareja– para socializar y recuperar esa capacidad de juego a la que aludíamos, siempre y cuando esos grupos no se conviertan en instancias para hablar de enfermedades, médicos y de todos los seres conocidos que han muerto o están enfermos.

En relación a la sexualidad, si bien esta no constituye nuestra identidad como en el caso de los hombres, no es menos cierto que debemos hacernos cargo de ella desde el placer y no como una carga, que es como muchas mujeres lo viven. Como afirmé en mi libro *Lecciones de seducción*, las mujeres a lo largo de la vida necesitamos sacar a «la prostituta» que llevamos dentro para amigarla con la mujer responsable, trabajadora y productiva que sacamos a la calle todos los días; solo de esta manera podremos entender el paso de los años sin maximizar el tema del cuerpo como única fuente de erotismo y entenderemos que la conducta de juego basada en el encanto es mucho más poderosa como arma de seducción que unos pechos parados y un cuerpo sin nada de grasa. Por lo demás, no debemos nunca olvidar que lo que las mujeres consideramos atractivo y que juramos que lo es también para los hombres, no siempre es así; ellos opinan muy distinto. En la investigación surgieron muchos casos de hombres que contaban que habían salido de viaje y que, en el intertanto, sus mujeres se habían operado la cara. La sensación de rechazo que ellas percibieron en sus maridos al volver fue muy difícil de sanar; literalmente lo que ellos sentían era que estas eran otras mujeres y que ellos amaban a las anteriores.

Es importante mencionar que uno de los aspectos que las mujeres tenemos que trabajar durante la vida, para asumir el paso de los años con alegría y agradecimiento, es la disminución de la queja, no solo porque a nosotras mismas nos hace mal mostrarnos siempre como insatisfechas, sino porque en el fondo la queja es simplemente un mal hábito que, cuando no se supera, deja en los demás una sensación de amargura y de poca realización. Es por esto que es fundamental entender que la mayor causa de infelicidad femenina es el mal manejo de los tiempos personales y el intentar parecer felices sin hacerse cargo de nada. Ambas cosas generan mucha ansiedad, que es lo que tiende a explicar conductas femeninas típicamente ansiosas, como los problemas con la alimentación, al alcohol o comerse las uñas, entre otras.

Una forma de reparar esto es diseñar tiempos personales para nosotras, hacer cosas con las manos para reducir la ansiedad y hacernos cargo de nuestras historias para disfrutar de la vida plenamente. Esto se refuerza cuando se valora lo que se tiene por sobre lo que nos falta y se supera la costumbre de la queja. Quizás es por esto que de acuerdo a muchos estudios las mujeres dicen estar menos satisfechas con sus vidas en un porcentaje cercano al 53% y los hombres, por el contrario, en un porcentaje del 63% afirman que evalúan positivamente sus experiencias de vida.

Si bien en Chile el 57,5% de los adultos mayores vive en pareja o tiene una pareja puertas afuera, es importante proyectar cómo serán los viejos del futuro dada la falta de estructura de pareja que impera hoy y que abre mucho la posibilidad de enfrentar esta edad sin pareja ni hijos, lo cual configura un escenario absolutamente distinto para sobrellevar la vulnerabilidad de esa etapa. Será interesante estar viva para poder investigarlo.

En el caso de los viudos (24,6%) y los que viven solos por opción propia (11,8%), la conducta parece ser distinta en hombres y mujeres. Los hombres parecen tener mayor dificultad para aceptar la soledad y tienden a rehacer sus vidas afectivas con mucha mayor rapidez que las mujeres, entre quienes es más común quedarse solas y dedicar sus tiempos al trabajo si lo tienen, a su casa, hijos y nietos.

El enfrentar esta etapa quedándonos solos, ya sea voluntaria o involuntariamente, invita a redefinir los tiempos, los amigos y la predisposición a realizar actividades que llenen la cotidianidad, pero que a la vez respeten los tiempos de soledad que se empiezan a agradecer en algunos momentos. Aquí es fundamental el tema de la sociabilidad, ya sea con amigos, vecinos o familiares. Hacer ejercicio, manejar tecnología, redes y una buena alimentación parecen ser claves importantes para vivir este proceso.

El hecho de que las mujeres vivan mejor sus estados de soledad y asuman con cierta nostalgia pero con comodidad el quedarse solas, se debe a un factor por el cual en un momento de la vida reclamamos, y es la familia y el control que ejercemos en nuestras casas, lo cual en situaciones de separación o duelo nos ayuda a seguir con una cotidianidad que los hombres, en su mayoría –porque siempre hay excepciones–, no conocen ni manejan, lo que lo convierte en una prueba a la clásica definición de masculinidad. Eso que en algún momento las mujeres vemos como una carga, en otro se transforma en nuestro gran aliado, porque los hombres, llegado el momento de enfrentar la soledad, quieren mantener la acción y el movimiento y desde ahí salen a conquistar para seguir acompañados. Las mujeres buscan sentirse más jóvenes para responder al mandato social de belleza y estar cerca de sus vínculos afectivos, aunque esto es solo una tendencia, no se puede generalizar, sobre todo hoy cuando los hombres mayores también están preocupados por el físico y son mucho más afectivos que muchas mujeres.

Es un hecho que hay más mujeres que hombres (alrededor de ocho hombres por diez mujeres), proporción que aumenta después de los ochenta años, pasando a ser seis por diez, por lo tanto es muy probable que las mujeres igual terminemos nuestras vidas solas o sin pareja. Lo clave es que hombres y mujeres por separado aprendamos a vivir la vida con mayor libertad, goce y cuidando constantemente los afectos. Esto parece ser más importante que tener muchos recursos que de nada sirven si no hay con quien compartirlos y si no nos ayudan a curar lo que nos pasa.

Son muchos los aprendizajes que debemos incorporar, mucha la tolerancia a desarrollar, paciencia, aceptación y, por sobre todo, mucho sentido del humor para caminar por los años con una actitud de agradecimiento y alegría, independiente de los dolores emocionales y físicos que nos toque enfrentar. Parece que al igual que con el cuerpo, depende de cómo vivamos nuestros afectos y de dónde estemos haciendo nuestras inversiones, tanto emocionales como materiales, el cómo recibiremos el paso de los años.

CAPÍTULO 5

La familia, fuente de cómo se vive la vejez

Escribir sobre la vejez y la familia es meterse en lo que los participantes del estudio llamaron el centro de la investigación. Según casi el 90% de ellos, el cómo se enfrenta este proceso depende casi totalmente de cómo la familia defina esta etapa y en cómo ayude a vivirla o boicotee su desarrollo. En cualquier caso, esta concepción trasciende al hecho de que en la familia haya alguien de edad o no; en el fondo, tiene que ver con el cómo dentro de ella se entiende y se concibe el paso de los años, lo que parecería determinar cómo se enfrenta, cómo se procesa y se mira de cerca y de lejos la experiencia del envejecimiento.

Sin duda, la familia –o la definición de ella– ha ido evolucionando con el tiempo. Una familia puede ser definida de muchas formas, siendo algunas definiciones de carácter demográfico, otras vinculares y afectivas, y no pocas económicas y políticas, según el espacio que ocupen dentro de una sociedad. De este modo, podríamos aventurarnos a definir la familia como una unidad estable en la cual las relaciones entre generaciones se rigen por la costumbre y principalmente por los afectos, y donde los niños y los adultos mayores debieran tener garantizada la seguridad económica y afectiva a lo largo del tiempo. En esta unidad, los mayores independientes de la estructura mantienen el estatus importante de educadores, jefes de hogar y orientadores de las pautas familiares.

Ahora bien, en la evolución de esta unidad ocurren dos procesos opuestos cuando el adulto configura pareja y desde ahí forma hijos. Uno de ellos es el llamado «nido vacío», que alude a aquella situación en la que se encuentran los padres una vez que han criado a sus hijos y estos se han ido de la casa. Dado este escenario, si no hay proyectos personales o de pareja, la sensación de «cesantía» afectiva es enorme. Este sentimiento afecta en su mayoría a las mujeres que son las que han configurado su identidad a partir del sentirse necesarias por el cuidado que dan a otros.

El otro fenómeno se da cuando los adultos tienen hijos mayores viviendo en casa y no saben cómo hacer para que estos inicien sus propios procesos de vida independiente. Esto lo vemos con más frecuencia hoy, en una generación a la que le acomoda una situación de este tipo en la que experimenta los beneficios de los casados y los privilegios de los solteros, con padres absolutamente incapaces de poner límites y ejercer su derecho a vivir su adultez como mejor les parezca. Dicha circunstancia puede hacerse más aguda cuando la familia es uniparental y existe ese «contrato» implícito de no dejarse solos.

Para completar este mapa de la configuración familiar en nuestros países habrá que decir que antes la familia se definía por lo extensa, incluyendo siempre a los abuelos; hoy, en cambio, la familia nuclear –que habita espacios más pequeños– separó a los adultos mayores del resto del grupo familiar, dejándolos vivir el paso de los años con más soledad y obligándolos a una mayor autonomía.

Un aspecto nuevo y cada vez más frecuente en estos tiempos en que la expectativa de vida ha aumentado notoriamente, es la presencia de bisabuelos en las familias. Desafortunadamente, esta nueva generación ha ido, por lo general, también quedando un poco relegada entre pocos afectos cercanos y a cargo del cuidado de personas ajenas al núcleo familiar. Esta presencia de bisabuelos irá, sin duda, aumentando, lo cual obliga a las familias y a toda la sociedad a hacerse cargo de este grupo que merece se le devuelva todo lo que entregó para que nosotros estemos donde estamos.

Por otra parte, el aumento de las separaciones o divorcios y el tener hijos fuera del marco de una pareja estable, han ido cambiando el esquema, empezando a aumentar las llamadas familias extensas modificadas, que incluyen a su haber a abuelos con nietos, a abuelos con hijos y nietos y, en menor cantidad, a abuelos con tíos y nietos. La configuración de familias nucleares incompletas ha comenzado a requerir la presencia de los mayores como fuente de ayuda en el cuidado y educación de los menores, mientras los adultos del grupo se dedican a generar recursos para mantener la estructura. Esto, desde algún lugar, determina que los adultos mayores se incorporen como colaboradores en la formación de los niños, resurgiendo así un nuevo rol familiar: el del padre-abuelo o la madre-abuela. Este nuevo rol, que si bien es gratificante porque les hace sentir a esos adultos mayores que son necesarios –lo cual es un gran predictor de longevidad–, también requiere de grandes energías y de mucha voluntad para entrar, literalmente, en el universo de los niños y jóvenes, un mundo dominado por la tecnología y que les hará incorporar pautas valóricas y culturales muy lejanas y distintas a las que ellos conocieron. Este panorama nos evidencia que cada vez es más importante en las familias el rol que cumplen los abuelos, tanto desde lo económico y funcional como desde lo afectivo. El que estos vivan y disfruten de ese rol parece ser clave en cómo se enfrenta el envejecimiento.

Es importante rescatar algo que surgió en el estudio, y es que los abuelos y abuelas no pasan mayoritariamente por el juicio de los niños y de los adolescentes como sí lo hacen los padres. Esto permite que ellos sean fuente de permanente información y sabiduría y que a través de ellos se conozcan las raíces familiares y se comparta la historia desde otro ritmo y profundidad emocional que los que operan en los padres, centrados en la rapidez y eficacia de la educación. El hablar desde la experiencia, el revisar las etapas de la vida y el expresar errores y aciertos, sumado a la narración de determinadas anécdotas, puede llegar a formar parte de la mayor riqueza que los niños pueden adquirir.

Sin lugar a dudas, los abuelos y las abuelas ya no son los de antes. En la investigación, los participantes lograron diferenciar dos tipos de abuelos en relación a ambas épocas aludidas: unos son los llamados abuelos «de cuento» y los otros los abuelos «de mall». Es indudable que entre estos dos habrá miles de abuelos que mezclarán ambos estereotipos, pero es un buen dibujo para entender.

Los abuelos de cuento son los clásicos, los que cuentan historias, participan de las actividades escolares de los nietos, ayudan en la confección de disfraces, por ejemplo, y, en el caso de las abuelas, hacen gala de sus mejores recetas, instalando en las familias la experiencia de la comida como un acontecimiento histórico. En este cuadro es fundamental el aporte que hacen ambos, hombres y mujeres, en el compartir sus orígenes y contarle a las generaciones más jóvenes sobre los antepasados y de cómo se fundamenta la historia presente en la de ellos, para así entender la propia vida con un sentido de continuidad, paz y perdón que no deja de ser importante en muchas vivencias personales. A este tipo de abuelos, por lo general, no le preocupa mucho el tema de la belleza; disfrutan de sus arrugas y de su cuerpo, y gozan trayendo al presente recuerdos y fotos; las abuelas suelen tener el hábito de tejer o de bordar, dándole valor a aquello que se hace con las manos y erradicando la tendencia de comprar si no es necesario. La experiencia de vida de este tipo de abuelos se ve, por supuesto, modificada si estos están o no en pareja; las mujeres tienen mayor capacidad que los hombres para disfrutar de este rol en soledad, viéndose su necesidad de sentirse necesarias cumplida con este tipo de funciones. A los hombres, por su parte, les cuesta más la soledad y, si no se han vuelto a casar luego de un divorcio o muerte de la pareja, será frecuente verlos aterrizar en casa de alguno de sus hijos.

El mundo social de este tipo de abuelo está restringido a sus afectos más cercanos y no es de muchos amigos. En este esquema suelen ser importantes los vecinos y los eventos en los que participa son más bien familiares que sociales e impersonales. Además, si bien le gusta verse lindo, no es de gastar mucho, tenga o no los recursos para hacerlo. Si es que vive solo, da la sensación de que constantemente estuviera esperando ser visitado y suele ir acostumbrándose a esas visitas transitorias en las que siempre termina por despedirse con cierta actitud pasiva.

El abuelo de mall, por otra parte, es eminentemente vital y activo. Habitualmente participa en juntas de vecinos o corporaciones que le permitan estar acompañado, pero, por sobre todo, entretenido. Suele tener más recursos económicos que el abuelo de cuento y muchos o casi todos hacen deporte, invierten en verse bien y afirman tener siempre poco tiempo, lo que hace que sus relaciones familiares no sean tan profundas ni «románticas» como las de los anteriores. Sus funciones, por ejemplo, son ir a buscar o dejar nietos en horarios dentro de la jornada laboral de los padres, jugar activamente con ellos, llevarlos de compras o a pasear e ir a cuidarlos cuando sus padres quieren salir solos o por razones laborales no pueden estar con ellos. Una característica propia de estos abuelos es que no quieren ser llamados abuelos, reclamando ser llamados por sus nombres para así no sentirse viejos o anticuados.

Si bien igual cumplen su función de traer a colación ciertos recuerdos y anécdotas, los tiempos y el ritmo en los que esto se hace son más acelerados y, de alguna manera, menos profundos, porque las relaciones son vistas de una manera más ejecutiva y práctica. Tienen más vida social fuera del ámbito familiar y si tienen recursos, por ejemplo, van a conducir vehículos hasta muy avanzada edad, haciendo gala de su autonomía y goce por la vida. Si estos abuelos están en pareja tienden a viajar, ya sea por su cuenta o en grupo, y a participar de las actividades que gubernamental o privadamente se preocupan de generar actividades para ellos. Por lo general, dejan de hacer cosas dentro de la casa y, a diferencia de aquellas abuelas que cocinaban, solucionan aquella instancia fuera del contexto emocional con un guiso comprado –perfecto en muchos casos–, pero con el gran problema de no generar recuerdos emocionales en los demás. Lo que se recuerda es lo imperfecto, lo hecho desde el cariño y no aquellas cosas inmaculadas. Un clásico ejemplo de esto es lo que ocurre con las tortas de cumpleaños. Estas antes se hacían siempre en casa y quedaban chuecas y medio desarmadas. La preparación involucraba a toda la familia y se echaba a andar varios días antes del evento. Si se hacía un pastel de bizcocho, el manjar o dulce de leche se colocaba caliente para que el bizcocho no se rompiera, lo cual hacía que las pelotitas de colores que se usaban para decorar las tortas se derritieran al segundo o tercer día. ¡Cómo olvidar esas bolitas plateadas que originalmente se destinaban a decorar las tortas de novios y que uno las chupaba un ratito hasta sacarles el azúcar y que luego las escupía por lo malas y duras que eran! Cómo olvidar también la pelea por el último raspado que quedaba de la preparación de la torta de merengue italiano en la que participaba toda la familia y con bastante buen humor. Sin duda, a muchos de los que están leyendo este libro –a los de mi generación o la anterior– les he hecho recordar imágenes de su infancia, imágenes que los niños de hoy no tienen porque todo se soluciona desde fuera de los vínculos familiares.

No existen elementos de juicio al presentar estos dos modelos de abuelos; no hay uno mejor que otro, lo importante es resaltar que hoy ambos coexisten en nuestra sociedad y que ambos deben tener su espacio y reconocimiento sin que ninguno descalifique al otro, porque lo que está pasando es que «los del mall» se asumen mejores que «los de cuento», dado que van más al ritmo de la modernidad sin agradecer y considerar el aporte que estos últimos hacen quizás más en silencio y sin tanta visibilidad.

No obstante, un tema importante que une a estas dos categorías de adultos mayores es la preocupación por aprender a usar la tecnología. Si bien a los abuelos «de cuento» les preocupa menos y les asusta más, cada vez es más frecuente que quieran tener un computador en su casa y estar conectados, ya que así vivirán con mayor intensidad la sensación de estar acompañados y, además, actualizados. Para los «de mall» esto es un imperativo, quieren y necesitan estar siempre conectados para sentirse vigentes. A esto se le suma la presencia de los celulares, los que sin duda modificaron las comunicaciones y que, para ellos, son una forma de sentirse seguros frente a cualquier riesgo o imprevisto que trae la fragilidad de los años.

El manejo de la tecnología no es fácil de aprender y a los adultos mayores les genera, si bien mucha curiosidad y entusiasmo, también mucho estrés, ya que su forma y lenguaje difieren considerablemente de la forma de comunicación en la que ellos se educaron, desafiándolos todo el tiempo a mantenerse al día, lo cual a muchos les cansa y a otros cuantos los hace renunciar en el camino. Recuerdo la historia de una abuela que vivía sola y que había aprendido a chatear en su computadora; un día logra conectarse con su nieta adolescente, quien automáticamente comienza a escribirle en el lenguaje chat, donde las palabras se abrevian y existen símbolos que las enuncian. De este modo, frente a la incógnita que le producía un «bn» o un «pq», esta maravillosa mujer decidió darle una lección a su nieta; en vez de hacerlo explícitamente comenzó a escribirle en francés, que era su lengua materna. Desconcertada con este idioma y con la clásica poca tolerancia de los adolescentes, la chica la increpó y le reclamó diciendo que no le entendía nada, a lo que la abuela respondió humildemente que ella tampoco. La adolescente captó de inmediato que tenían que buscar un lenguaje que comprendieran ambas y que ese era el español correctamente escrito. De esta manera, no solo generaron un acuerdo, sino que con este acto la abuela le enseñó mucho sobre la generosidad y la empatía, valores tan escasos hoy entre los jóvenes.

Evidentemente que resulta todo un esfuerzo para los adultos desde mi generación hacia arriba entender y participar de los avances que la modernidad ha traído, lo cual, como dijimos, si bien genera mucho estrés también es un desafío seductor que nos permite sentirnos vigentes y al día con los tiempos. La tecnología se ha convertido en muchos casos en una gran compañera de la vejez y en una forma de facilitar y promover el envejecimiento activo. En cualquier caso, todos estos esfuerzos no siempre son reconocidos por el resto de la familia, de la cual depende muchas veces el que te hagan o no sentir viejo, en el mal sentido de la palabra. Esto se manifiesta en aquellos cuidados extremos dedicados a la persona mayor que pueden llegar a invalidar su creatividad, su capacidad de autonomía y su necesaria conducta de juego y libertad propios de cualquier etapa de la vida.

Tanto desde la forma en que los núcleos familiares acogen a sus abuelos como la manera en que una sociedad incorpora a los adultos mayores en las fuentes laborales y afectivas, es desde donde se puede empezar a descifrar cómo dicha sociedad concibe la vejez. El cuándo a alguien se lo cataloga de viejo en una familia es el reflejo en microscopio de cómo la sociedad en general se enfrenta al tema. Llama mucho la atención, por ejemplo, cómo es la familia de muchos adultos que se han quedado solos –ya sea por viudez o separación– la que define si estas personas están o no en edad de volver a amar y formar pareja. Durante la investigación era fuerte escuchar frases como: «A esta edad, papá, ¡cómo vas a salir con alguien!», o: «Esa persona es una interesada», en cuyo fondo siempre latía la idea de que es poco creíble que alguien se vaya a sentir atraído por una persona mayor y que las únicas razones ocultas para tal atracción son la búsqueda de algún beneficio. Pareciera que el amor es un privilegio de los jóvenes y del éxito asociado a ellos y en muchos grupos sociales tendría fecha de vencimiento y un tope para ser expresado. ¡Qué lamentable!

Otro tema que me llamó la atención en el contexto de la investigación es que hay una sensación en el inconsciente colectivo que alerta sobre cualquier cosa poco común que un adulto mayor quiera hacer, como por ejemplo correr una maratón, enamorarse, partir con una empresa a los setenta años y tantas otras cosas que despiertan el terror de una demencia senil que lleva a frenar estos proyectos a la brevedad. Hay un sinnúmero de miedos asociados a las iniciativas tomadas a partir de cierta edad, sobre todo cuando se dan en el contexto de la soledad y no en pareja. Esta tensión suele aumentar mucho más cuando el adulto cuenta con determinados recursos económicos y la familia piensa que con esas iniciativas pudiera ponerse en riesgo el patrimonio de «todos». Ahora bien, estos miedos también salen a la luz con iniciativas menores, tales como meterse a un grupo para aprender a usar la tecnología, viajar en chárter con otros mayores, tomar clases de baile, etc.; todo puede resultar una amenaza para esa familia que literalmente encuentra desubicado el asumir semejantes riesgos.

Por otro lado, se aprecian familias que, muy por el contrario, estimulan y motivan todo tipo de situaciones en las que los abuelos se encuentren entretenidos y exploren nuevos talentos. De más está decir que son estos grupos sociales los protagonistas de un proceso de envejecimiento positivo –hoy llamado envejecimiento activo–

que consiste en tener y/o desarrollar la capacidad de envejecer sin enfermedades asociadas, con una salud física y mental adecuada y productiva y con una autonomía que les permita desenvolverse de manera independiente en sus tareas cotidianas. Fundamental resulta en este tipo de envejecimiento el desarrollo de una actitud positiva frente a cada hecho vivido.

Este envejecimiento activo viene a combatir a una sociedad centrada en la producción y que, por lo mismo, tiende a eliminar a los mayores de sus circuitos. Aquí quiero resaltar que esta manera de entender nuestra sociedad solo desde criterios económicos deja de lado un entendimiento de producción emocional o histórica que a la larga es tan o más importante que la generación de recursos y en la cual los adultos son fundamentales.

En muchos países, sobre todo en los más productivos, no existe la conciencia de tener que cuidar a los mayores y mucho menos de hacerse cargo de ellos dentro de las mismas familias. Esto implica, en muchos casos, su traslado a hogares –de mayor o menor confort dependiendo de la situación económica– y su paulatina segregación a espacios generalmente privados de estimulación y alegría. Está probado que esta segregación muchas veces viene acompañada de diversos tipos de abuso que van desde lo físico hasta lo material y económico, pasando por lo psicológico. Esta segregación produce muchas veces trastornos de personalidad por el aislamiento de la familia y de la sociedad y determina sentimientos de soledad que tienen consecuencias afectivas y emocionales con repercusiones físicas en muy corto tiempo. Lamentablemente, en los países donde la desigualdad es enorme y el egoísmo y la pobreza gobiernan muchos vínculos, es muy frecuente ver a muchos mayores literalmente abandonados en hogares o al cuidado de organizaciones religiosas y/o de beneficencia donde ellos pasan gran parte del tiempo –como pude comprobarlo en el estudio– en la angustiosa espera de ser visitados por sus seres queridos.

Claramente no estoy hablando aquí de aquellos hogares para adultos mayores con buenos estándares de cuidado y entretención que forman parte de un nuevo sistema para envejecer acompañado, cuando todavía hay vitalidad y una salud plena o cuando no se quiere o no se puede contratar personal que cuide a los mayores

121

que se han quedado viviendo solos. Esta decisión de instalarlos ahí, muchas veces se toma desde la imposibilidad de llevarlos a vivir a las casas de los hijos o de la expresión libre y soberana de no querer ser una «carga» para nadie, circunstancia en la que son los mismos adultos mayores los que prefieren partir a estos lugares donde se sienten seguros en los cuidados médicos, están acompañados cuando así lo desean y participan de muchas actividades que les entretienen, como por ejemplo el cine, que existe dentro de muchos de estos lugares. Llamados generalmente *senior suites*, son de alto costo y muy cotizados, aunque igual implica un desarraigo de la rutina y de muchas de las pertenencias y vínculos cercanos.

Independiente de cómo la familia vea o defina la vejez y decida qué hacer con sus adultos mayores, también es cierto que aquella frase de que uno envejece de acuerdo a cómo uno mismo ha vivido adquiere mucha potencia a la hora de entender el círculo de la vida. Al final parece ser un paradigma cierto el que uno termina recibiendo lo que ha entregado en la vida y, por lo tanto, el proceso de envejecimiento en realidad se empieza a preparar desde la plena juventud, idea que se ha venido repitiendo casi majaderamente en todo el libro. Si a lo largo de la vida uno ha invertido en el cuidado de los vínculos familiares y logra tener una estructura sana que agradece lo bueno y aprende de lo malo, tendría altas probabilidades de concebir el paso de los años de manera más positiva, incentivando el emprendimiento de nuevos proyectos, el valor positivo del riesgo y, sobre todo, un entendimiento profundo del paso de los años que valore la sabiduría y el respeto por todos aquellos que han alcanzado el privilegio de cumplir años.

Un aspecto que pareció ser importante para la gente que participó en la investigación y en relación a las familias, era la capacidad que estas tenían para hablar de la vejez con seriedad y profundidad, y no como pasa con muchos temas de gran importancia social –como podrían ser la muerte y la homosexualidad, entre otros– que solo se traen a colación en el marco de la risa y/o la ironía. De este modo surgían ejemplos como la burla por el uso de lentes o de una tarjeta de descuento en las farmacias o en el cine, o el chiste que generaba el uso de determinada ropa que ya no es adecuada para cierta edad. Esto no quiere decir que no haya que tomarse la vida, y particularmente el paso de los años, con humor; el primero en reírse de sí mismo debe ser el propio adulto para que así todos se puedan reír con él y no de él. El humor fue un indicador muy nombrado a la hora de establecer los parámetros más relevantes en la forma en que se percibe la vejez dentro de la familia.

En este sentido adquiere gran importancia el cómo la familia celebra los cumpleaños y, sobre todo, si en ellas la edad es algo que deba ocultarse y a partir de cuándo. El que se dejen de celebrar los cumpleaños, que no se pongan velas en las tortas y que no se diga la edad que se tiene –o se sienta como una falta de respeto preguntarle la edad a las mujeres, costumbre estúpida de la cual se han contagiado últimamente los hombres– es un predictor, de acuerdo al estudio, de cómo se enfrentarán dentro del núcleo familiar otros temas vinculados al paso de los años.

La visión que tenga la familia para enfrentar la vejez no es distinta a la perspectiva con la que enfrentará otros temas propios de su desarrollo.

Así, será necesario evaluar cómo hace frente al tema de la alimentación, la muerte, la sexualidad, los riesgos y los sueños, entre otros, y a partir de esto será fácil deducir cómo resuelven todos los temas relacionados con el envejecimiento. La relación entre los hermanos, del adulto mayor con los yernos o nueras, con los amigos, vecinos y el mundo social en general son un indicador importante de cómo y desde dónde se establecerán los vínculos durante todo el ciclo vital de una familia, independiente de si hay o no mayores en ella.

Con todos los cambios sociales que ha experimentado la familia, más los cambios que sufre cada persona con el paso de los años, hay muchos eventos en los que los adultos mayores se han vuelto fundamentales. Uno de ellos es en lo relativo a lo que hoy se denomina «familia en transición» y que alude a aquella familia que producto de la muerte o de la separación queda en calidad de uniparental y, por lo mismo, necesita de la ayuda de terceros para compartir las funciones y responsabilidades familiares. Como se dijo anteriormente, este rol suelen asumirlo los abuelos, quienes además cumplen la función de cuidadores y formadores de los nietos. Esta situación tiende a complicarse cuando esa familia en transición supera dicha etapa y se consolida una nueva pareja, instalándose la duda sobre qué hacer con ese adulto que fue de tanta utilidad en una época, pero que aparentemente ya deja de cumplir esa función. Muchas veces la respuesta a esta pregunta no toma en cuenta el fuerte vínculo que se ha generado entre esos adultos y los niños ni considera que estos, muchas veces, se sienten más cercanos a sus abuelos que a los propios padres.

Otro fenómeno que fue mencionado en relación a los vínculos familiares es el adulto que decide vivir solo. La gran ventaja de esta opción es la autonomía y la libertad que esa persona experimentará en su madurez junto con la maravillosa sensación de pertenencia a sus cosas y a su hogar, el cual, generalmente, es el mismo por muchos años. Muchos de ellos tienen, eso sí, un gran problema, y es que a veces caen en la dinámica de estar esperando una llamada o una visita; si ese adulto no tiene actividades o sueños propios por cumplir, probablemente quedará a expensas de sus vínculos y de cuánta conciencia tengan ellos de visitarlo, acompañarlo e invitarlo a vivir lo que le queda de vida con alegría y buena salud. Evidentemente que esto entra en crisis mientras más mayor sea esa persona y menos posibilidades tenga de funcionar de forma independiente, ya sea por razones físicas o mentales; en estas ocasiones habrá que entrar a decidir –muchas veces en contra de su voluntad– cuáles son las mejores condiciones de vida para que esta persona.

Continuando con los modelos de adulto mayor que hoy encontramos en nuestra sociedad, no podemos dejar fuera al abuelo «maleta» o el abuelo «golondrina». Según un artículo colombiano, es aquel abuelo que sin importar si tiene o no su hogar, anda circulando por diferentes casas, lo cual tiene la ventaja de la compañía permanente y la variedad de experiencias vividas, junto con el ejercicio de libertad que supone poder retirarse de cualquier situación incómoda o de la que no se quiera participar. Entre las más grandes desventajas de esta figura se cuentan la falta de pertenencia y un vínculo más frágil con el entorno que, a medida que aumentan los años, puede ser perjudicial para el sustrato emocional de esa persona. Es común que muchos de ellos tengan la sensación de que cada vez que llegan a alguna de las casas por las que circulan, irrumpen, molestan e intervienen en la rutina de esa familia, a veces, por ejemplo, haciendo que los niños cambien de habitación, lo que les genera cierta culpa e incomodidad.

Para ir cerrando quiero rescatar algo que me dijo un ecuatoriano muy sabio en el contexto de la investigación; él me decía que la edad madura es aquella en la que todavía se es joven pero con mucho más esfuerzo, concepto en el cual la familia parece tener un rol clave. No importa cuál sea el dibujo y la forma que esta familia tenga, lo importante es cómo defina y viva cada etapa de la vida y su capacidad de desarrollar las habilidades necesarias para enfrentar adecuadamente el paso del tiempo. El universo de cada familia y cómo dentro de ella se viva la entrega afectiva, se sanen las heridas y se hablen y enfrenten los temas complicados es un tópico inagotable y que, además, determinará la calidad de vida de un adulto mayor. La capacidad para amar, para agradecer y para valorar lo entregado dependerá de los otros, pero será responsabilidad del adulto el haber sembrado estas semillas en su entorno afectivo a lo largo de su vida para ser merecedor de recibir el fruto cuando se llega a la edad madura.

Capítulo 6

Vejez y soledad: a veces una opción

Los adultos mayores que no tenían hijos ni habían formado familias constituyeron un grupo menor en la presente investigación, pero de igual modo los quiero incluir en este libro. Una de las razones es que este es un grupo que puede ser mayoría en el futuro, ya sea por razones económicas o por los horrendos testimonios que los adultos de hoy les estamos dando a los jóvenes, que nos ven siempre de mal humor, quejándonos y poco contentos con lo que hacemos y como vivimos.

Sea cual sea el motivo, el tema es que cada vez habrá más adultos solos –quizás acompañados de mascotas que servirán de reemplazantes de muchos afectos–, y creo que como familia de estas personas y como sociedad debemos estar preparados para dar respuesta a las necesidades que ellas tendrán en poco tiempo.

La otra razón para mencionarlos es que dentro de este grupo hay quienes no supieron, no quisieron o no pudieron cuidar sus afectos a lo largo de su vida y que, por ende, enfrentan el paso de los años sin familiares o vínculos cercanos que les permitan ser contenidos en momentos de fragilidad. Algunos de ellos están abandonados en hogares, otros viven como ermitaños, alejados de los grupos sociales, y otros transitan por la vida esperando la oportunidad para poder reparar aquellos vínculos que en su momento no supieron cuidar.

No importa cuál sea la razón para llegar a la vejez en soledad, lo realmente importante es que esto es algo que hay que pensar y planificar mientras se es joven. Es en este momento cuando se deben evaluar los pros y los contras, y durante la niñez cuando se debe inculcar el valor del tiempo y de los vínculos para que si envejecemos solos sea realmente por una opción propia y consciente. Lo que no debiera ocurrir es que la vejez nos pille desprevenidos y sin haber valorado el presente; que de repente nos encontremos solos sin darnos cuenta y sin haberlo querido.

Elegir la soledad como compañera de viaje es inevitable, nacimos solos y nos vamos a morir solos, pero transitar con ella en la vida no es algo deseable para nadie. Se puede haber decidido libremente no casarse o no formar pareja, como también se puede haber decidido no tener hijos, lo cual es muy sano si son decisiones tomadas en conciencia. De cualquier manera, aun habiendo tomado estas decisiones, no se puede decidir vivir sin afectos, y esto es algo que me impresionó en algunas personas participantes en la investigación, quienes a lo largo de su vida solo establecieron relaciones instrumentales sin cuidar ninguno de sus afectos primarios ni secundarios y que al momento de enfrentar la soledad se les hizo insoportable. En cualquier caso, el hecho de vivir solo claramente no condiciona la posibilidad de generar vínculos con otros; hay muchas actividades sociales en las que pueden participar los adultos mayores, como son los grupos deportivos o de recreación, que les permiten mantenerse en contacto con otra gente y desarrollar lazos de amistad, afecto y compañía.

Como comentamos en capítulos anteriores, vivimos en una sociedad que nos enseña desde muy pequeños a cuidar nuestros trabajos, generándonos gran temor la amenaza de perderlos, suponiendo que si los perdemos se nos va en ello toda nuestra vida y nuestra estabilidad. Nadie niega que el trabajo sea fundamental en la estabilidad de cualquier persona; pero creo que así como se nos educa en cuidar nuestros trabajos, también se nos debiera educar en el cuidado de nuestras emociones y afectos. Ahí está la gran herida de nuestras sociedades, no solo en la cesantía, sino en esa soledad no elegida producto de no haber cuidado los amores que pasan por nuestra vida.

En muchas de las historias que me motivaron a escribir este capítulo, los protagonistas jamás pensaron en la posibilidad de llegar a viejos. Vivieron sin cuidar sus afectos, centrando sus prioridades en el trabajo, pensando en sí mismos y, en el caso de algunas personalidades con alteraciones, consumiendo alcohol o alguna droga, o perdiéndose en la gratificación que genera el dinero fácil y en su consecuente pérdida de libertad, afecto y admiración del resto.

La distribución de espacios de las propiedades en la actualidad también facilita enormemente el vivir solos, lo cual no siempre significa vivir en soledad. Viviendo solos podemos desarrollar un sinfín de actividades que apuntan a conectarse con la gente desde distintos ángulos y profundidades. Existen, por ejemplo, los sobrinos o ahijados, quienes muchas veces reemplazan a los hijos en términos afectivos y a través de los cuales se puede también realizar la vocación de maternidad o paternidad no elegida o no dada a lo largo de la vida.

Lo que sin duda ayuda y provoca la sensación de estar acompañado por estos días es el uso de la tecnología. Digo «provoca la sensación» porque en realidad y a fin de cuentas es solo eso, una sensación, pero que tiene la gran ventaja de hacer que el tiempo pase rápido y de generar la impresión de que no estamos solos. El chat, por ejemplo, les permite a los adultos mayores comunicarse, preguntar y conversar, e internet les ayuda a mantenerse informados y solucionar problemas a muy bajo costo, factor importante en esta etapa donde los ingresos y recursos suelen disminuir. A pesar de que esta herramienta ha servido para conectar, entretener y aliviar la sensación de soledad en muchos adultos mayores, es importante entender que si bien la tecnología ayuda a acercar a quienes están lejos, tiene el gran problema de alejar a quienes están cerca, detalle que hay que considerar para poder regularla y dar prioridad a los vínculos más importantes.

No es el objetivo de este libro describir patologías asociadas a la vejez –para eso hay infinidad de lecturas interesantes que abordan este tema–, pero sí es importante mencionar que muchas de las personas que participaron en el estudio y que habían llegado a la edad madura en soledad sin haberlo elegido presentaban ciertas características de personalidad a evaluar y posibles de prevenir en la juventud. Todos, niños, jóvenes y adultos, debemos aprender a vivir en soledad, pero en un contexto de madurez y criterio que nos permita entender y aceptar sus consecuencias, sus ventajas y desventajas.

Creo que como sociedad nos tenemos que preguntar cómo estamos educando a las nuevas generaciones, por qué los jóvenes hoy en día solo piensan en producir, tienen serios problemas con el compromiso y viven en un mundo centrado en la búsqueda de la belleza y el placer y donde lo económico y lo material resultan tan importantes, todo esto bajo el hipócrita disfraz de que esta es la manera de prepararse óptimamente para la vejez. Debiéramos preguntarnos qué pasa con esta generación de la cual muchos prefieren entrar a un reality que estudiar, porque esto es más largo y menos rentable; quizás es en estas ideas donde luego se origina la obsesión por no querer envejecer y tratar de parecer más jóvenes, aunque esto no sea más que una gran mentira que terminamos por creer. De alguna manera debiéramos transmitirles a nuestros jóvenes el mensaje de que el paso del tiempo es inexorable, que la sensación de que este cada vez pasa más rápido aumenta y que si no se preparan afectivamente para la llegada de la madurez, esta los va a sorprender en la más absoluta soledad aunque estén acompañados. Personalmente, creo que no hay claves sociales que eduquen en este sentido, lo cual es un riesgo muy peligroso.

No puedo terminar este pequeño capítulo sin mencionar que, en mi opinión y después de haber escuchado a muchas personas, en algunos años la vejez y la soledad serán un problema social a resolver. Siempre va a ser mejor cultivar afectos durante todo el ciclo vital y prepararse desde lo emocional para los tiempos de fragilidad. Al escuchar a la gente que se encontraba sola se sentía un dejo enorme de tristeza y mucho de arrepentimiento al recapitular la vida y sentir que las cosas no se habían hecho bien en lo emocional. Muchos de ellos repetían frases como: «Si yo hubiera pensado en que alguna vez iba a llegar a viejo...», o: «Si hubiera pedido perdón y hubiera sido menos soberbio o menos egoísta, ahora no estaría tan solo». Distinto era para los que libremente no formaron pareja o no tuvieron hijos pero que depositaron sus afectos en su familia extensa y en vínculos secundarios de manera profunda y alegre, sin la antigua amargura de los llamados «solterones» que, gracias a Dios, hoy están en extinción, porque el significado de esa palabra implicaba ausencia total de disfrute, lo que hoy, afortunadamente, es visto de otra manera.

No importa la forma, pero es acompañados y no solos como debiéramos terminar nuestros días. Da lo mismo si se vive solo, con la familia o en un hogar, mientras esto sea una elección y no el efecto de una segregación. Aprender a vivir solos y a ser autónomos no es sinónimo de vivir en soledad. Vivir solos puede implicar compartir, entregar y recibir amor, ser generosos y recibir lo mismo de vuelta. Vivir solos

implica valorar y disfrutar los espacios de independencia que en algún momento de la vida
fueron elegidos de manera libre y consciente.
Vivir en soledad, en cambio, significa pagar el
costo de no haber cuidado los afectos y recibir
los dividendos de esa mala inversión.

CAPÍTULO 7
El trabajo, ¿fuente de identidad?

Quiero que me permitan soñar con un mundo evolucionado y utópico. Un mundo donde desde pequeños nos educaran a autoevaluarnos y donde todo fuera regido por motores internos, donde nadie se aprovechara de nada y tomáramos decisiones regidas por el absoluto autoconocimiento y la sabiduría interior. En este mundo los niños serían capaces de autoevaluarse antes de ser diagnosticados con una nota y hablarían con la verdad a la hora de decir si estudiaron o no, sin intentar sacar provecho. En este mundo habría una moral autónoma que haría evaluar las conductas a partir de las intenciones y no de las consecuencias de los actos, dinámica que funciona bajo la lógica de actuar correctamente por temor a la sanción. En este mundo la gente estaría educada desde muy pequeña para escuchar el cuerpo y el alma de manera permanente, podría decir lo que siente y, además, actuar en consecuencia; sería capaz, por ejemplo, de reconocer cuando está cansada y descansar de forma eficiente y gratificante. Los habitantes de este mundo podrían también reconocer en sí mismos la pena, la rabia, el miedo y la alegría; la angustia sería escasa y, en caso de aparecer, también la reconocerían y podrían hablar sobre ella y desde ahí actuar en consecuencia.

En este mundo primaría la confianza y el criterio sociológico de que el hombre es bueno en sí mismo; el valor de la palabra recuperaría su sitial y su poder, y solo bastaría con darla para ser creíble y confiable; el objetivo de la gente sería ser congruente y noble, desplazando a la astucia como forma «inteligente» de relacionarse.

El motor no sería el dinero ni lo material, sino que el hacer bien las cosas disfrutando de los afectos y lo simple de la vida. Los logros obtenidos serían bien mirados y objeto de felicitación, ya que como sería un mundo basado en la confianza, se desprendería que aquello fue conseguido por un buen trabajo o por la constancia y el esfuerzo de los años. Un mundo donde la bondad no fuera estúpida y donde el entregar lo mejor de uno no fuera considerado «nerd».

En este mundo la gente reiría de buena gana, sería capaz de agradecer por lo que le ocurre y tendría todo el permiso para cansarse, estar triste y poder llorar con ganas, sin tener que recurrir a medicamentos que duermen las emociones. Podría además expresar cuándo tiene miedo y pedir ayuda para ser contenido. La rabia no sería la expresión predominante y sería exteriorizada sin descalificar a nadie.

Los que tienen más tendrían la obligación de montar por lo menos una empresa que rompiera con la desigualdad, repartiendo los ingresos en forma generosa para evitar la rabia social que genera esa falta de solidaridad. La educación y la salud estarían centradas en la gente y se invertiría en ellas, más que recursos, humanidad y empatía por el que sufre. En este contexto, todos sentiríamos que estamos dando lo mejor de nosotros y, por ende, todos, absolutamente todos, estaríamos mejor.

El Estado debiera cuidarnos y protegernos pero, por sobre todo, escucharnos cuando las necesidades cambien, respetando la libertad y las diferencias individuales. Los juegos de poder no existirían y serían reemplazados por la vocación de servicio. Los derechos serían equivalentes a los deberes.

Un mundo donde uno agradezca despertar y no reclame por ello, donde nos saludáramos y nos reconociéramos por el nombre y no solo por lo que hacemos. Un mundo donde todos sin excepción y desde el lugar en el que estamos nos sintiéramos importantes y reconocidos. Un mundo donde nunca más se pensara que el que trabaja remuneradamente es útil a la sociedad porque es productivo y los que hacen cosas por otros sin obtener nada a cambio fueran vistos como tontos o con cierto dejo de desconfianza.

Un mundo donde fuera muy agradable trabajar y los trabajos fueran dignos, reconfortantes y con mucha movilidad; un mundo donde desde el mérito se pudiera llegar donde cada uno quisiera y la palabra responsabilidad no tuviera tan mala prensa; un mundo donde todos amáramos lo que hacemos, y si no es así, que al menos agradeciéramos el hecho de contar con un trabajo; un mundo donde hiciéramos esfuerzos para llegar a querer lo que hacemos o trabajáramos la vida entera para llegar a hacer algo que nos apasione. Un mundo donde las vocaciones fueran el reflejo de los talentos y donde pensáramos en dejar huellas más que en los recursos necesarios para poder comprar más cosas y alcanzar un mejor estatus social. En fin, déjenme pensar en un mundo donde el trabajo y el hacer todo lo posible por mantenerlo no sea el único motor para decir que a uno le ha ido bien en la vida.

Un mundo donde no haya discriminación, donde la libertad esté basada en el respeto por el otro y donde todos tengamos un lugar. Un mundo que reconozca a los indígenas y a todas las mal llamadas minorías (siempre he pensado que ese término esconde desigualdad, discriminación, mucho egoísmo y omnipotencia), y donde cada uno tenga espacio para crear, comunicar y hacer lo que quiera, contribuyendo al cuidado y respeto por el medio ambiente y pensando en un planeta donde sea grato y sano vivir.

Un mundo donde los adultos mayores sean aplaudidos y reconocidos y, por lo tanto, contenidos cuando quieran dejar de producir para dedicar su vida al descanso y a cosechar lo sembrado a lo largo de ella. Un mundo donde los niños fueran educados en el amor y en la educación de la responsabilidad para que la libertad sea bien ejercida.

Este delirio maravilloso no hay que mirarlo solo como un signo de extrema ingenuidad, ya que hay mucha gente que trabaja todos los días para que muchas de esas utopías sean reales; lo terrible es que esos granos de arena se hacen invisibles frente a la tremenda soberanía que tienen el exitismo y la desconfianza como grandes ejes visibles de movimientos sociales. Hay una enorme cantidad de personas –muchas de las cuales tuve la fortuna de conocer en el marco de mi investigación– que dan su vida por estos ideales, y son ellas las que me hicieron pensar que si este mundo soñado fuera real, el concepto de jubilación no tendría sentido.

Evidentemente no vivimos en un mundo así, y aunque muchos trabajen por ello, lo que se percibe y se concluye es que nos gana la suspicacia y la desconfianza, que estamos educados para pensar con criterios externos y donde desde fuera se conciben y se deciden las realidades. El mundo real es aquel donde en muchos casos la astucia le gana al ser correcto y donde no hemos aprendido a escuchar claves internas ni afectivas, medicándonos en exceso para dormirlas y trabajando mucho para comprar cosas que según la ilusión vendida nos brindarán prosperidad y protección en los años difíciles.

Bajo esta perspectiva es congruente que el Estado venga un día y, sin ni siquiera preguntarme cómo me llamo, me exija salir del mundo laboral y me diga que mi edad productiva ya pasó, que no tengo nada más que aportar y que sería «muy bueno» que me fuera a descansar. Además de disfrazar este imperativo de un halo de premio por los muchos años de esfuerzo, se asume que estamos económicamente preparados para ese momento. De este modo, frases como «el que guarda siempre tiene» o «el tiempo pasa muy rápido» comienzan a ser cada vez más frecuentes e invasivas, y son un reflejo de la cultura del miedo en la que vivimos. Este miedo que nos paraliza surge de la inseguridad que nos produce el poco control que ejercemos frente a las naturales sorpresas de la vida, y, erradamente, nuestra estrategia para contrarrestarlo ha sido cubrirlo con cosas externas. Aquí estoy hablando de las empresas de seguros, las cuentas de ahorro, las acciones, el tener propiedades, un seguro médico y ojalá un espacio comprado en algún cementerio para poder transitar por la vida con cierta tranquilidad. No estoy diciendo que todo esto no sea bueno tenerlo, efectivamente creo que la vida es más segura cuando las necesidades económicas están cubiertas, sin embargo creo que es importante detenerse a reflexionar sobre dónde están puestas las seguridades.

En una conversación de hace algunos años con unos sabios medio chamanes, hablábamos sobre cómo con las crisis económicas, en nuestros países las primeras empresas afectadas eran las de seguros y todas las que tenían que ver con los ahorros de la gente. Ellos no parecían muy sorprendidos por semejante situación que tenía muy angustiadas a varias empresas y a millones de personas y me planteaban que esto era obvio y que no solo se iba a mantener, sino que además iría en aumento. La razón para explicar su postura tenía que ver justamente con preguntarse dónde están puestas nuestras seguridades, y ellos me explicaban que mientras estas estén puestas afuera y en lo material, los sistemas financieros entrarán en crisis. La misma lección nos entrega la naturaleza: los incendios, sismos y huracanes vienen a enseñarnos que la vida es inestable, que la mayor causa de infelicidad son los apegos a las cosas, que al morir no nos llevamos nada y que trabajar tanto para tener cosas no tiene mayor sentido.

Lo que se desprende del mensaje de estos hombres es que nuestra única fuente de seguridad real y segura son los vínculos, tanto primarios como secundarios, y particularmente los afectos. Aquí es donde hay que trabajar, porque son esas otras personas a las que queremos las que nos salvarán de cualquier crisis y no las cosas en sí mismas.

En el contexto de esta conversación, yo no podía evitar recordar tantas experiencias de dolor en nuestros países, particularmente en el mío, donde en el 2010, después de un terremoto y maremoto, lo único que realmente nos ayudó en los primeros momentos fueron las redes afectivas que nos impulsaron a salir adelante y cuando un abrazo para poder llorar y expresar el miedo era lo que la gente buscaba. Siempre recuerdo cómo con cierta ironía de la vida, esa madrugada se cortó la luz en casi todo Chile y la única visibilidad posible era gracias a una luna casi llena; en esos momentos la tecnología nos probó que no era infalible y que era importante volver al bolígrafo y a la conversación directa; es ahí cuando aparecieron los vecinos, los conserjes y tantas otras personas a las que probablemente perdemos de vista en el agitado ritmo de nuestra vida cotidiana y que aparecen mágicamente cuando las seguridades que hemos puesto afuera entran en crisis. Solo en situaciones como esta surge la necesidad imperiosa de conectarnos con el otro, que es lo único que de verdad nos puede ayudar.

Es interesante mencionar que para muchos de la investigación –incluida yo misma– esta no es una visión excluyente; vale decir, es posible cultivar una filosofía de vida que refuerce los vínculos y que, al mismo tiempo y dado el sistema que hemos construido, motive a preocuparnos por tener lo suficiente para enfrentar el paso de los años con cierta tranquilidad. En esta línea podría parecer muy abrupto que de un día para otro nos digan que si bien hemos pasado años basando nuestra identidad y nuestro estatus social y económico en el trabajo, ahora es hora de centrarla en los afectos, sin ninguna preparación para afrontar ese proceso.

Y ¿saben qué?, así fue para muchos durante muchos años y no parecían muy amargados…

Estas personas agradecían el sentirse útiles y les generaba gran satisfacción darse pequeños o grandes gustos de acuerdo a los esfuerzos realizados. Por eso, para muy pocos la palabra jubilación se aparecía en el horizonte como algo deseable; eran pocos los que planteaban que querían dejar de trabajar y dedicarse literalmente a hacer nada.

Cuando preguntaba a los participantes de la investigación con qué palabras y emociones asociaban el término jubilación, los mencionados fueron los siguientes:

- Depresión.
- Sentimiento de deterioro.
- Visión pesimista del futuro.
- Problemas cada vez mayores de comunicación con la gente más joven, familia y amigos.
- Dificultad para dar afectos por la sensación de no sentirse útil.
- Tendencia a la hipocondría y predilección por el consumo de fármacos.
- Insomnio y pereza.

Estos signos llevaban a la conclusión de que esta decisión que toman por mí no tiene asociaciones positivas; muy por el contrario, eran pocos en realidad –y más mujeres que hombres– los que verbalizaban placer frente a este cambio y lo tomaban como un regalo merecido por tantos años de esfuerzo. Los hombres, en su mayoría, percibían la jubilación como una pérdida de identidad en su rol masculino y les preocupaba mucho el deterioro económico que podían tener desde el día en que dejaban de trabajar. Las mujeres, en cambio, sobre todo las que no ocupaban importantes posiciones de poder en el mundo laboral, la percibían como la posibilidad de un trabajo menos en la vida y muchas de ellas sentían cierto alivio al ver que tenían más tiempo para dedicarse a los afectos, que para nosotras siempre han sido un motor emocional importantísimo.

Además ocurre algo curioso, y es que cuando se habla de la jubilación ya se asume una serie de miedos que se comienzan a sentir en este momento y que pocas veces son comentados privada o –menos aún– públicamente. Algunos de ellos son el miedo a la soledad, a la pobreza, a las enfermedades, a no saber cómo enfrentar un cambio de estatus social o a que les pregunten: «¿Qué haces tú?», y tener que contestar: «Bueno, nada, yo soy jubilado». Los abuelos se preocupan por no poder comprarles a los nietos las cosas que antes les regalaban por la reorganización del presupuesto y temen quedar desconectados de su mundo social al romperse las redes laborales (esto se deriva de que somos conocidos mayoritariamente por lo que hacemos y no por quienes somos), lo que de alguna manera es posible de enmendar desde la tecnología que nos da la sensación de estar acompañados, aunque muchísimas veces esto sea una ilusión.

Los que enfrentan la jubilación con buena energía y como un desafío interesante, serán capaces de caminar con estos miedos y vivir esta etapa como una oportunidad que apunta a la plenitud y a la sabiduría, donde las seguridades están instaladas en lo interno y en los afectos, y no en lo externo. La manera sana de vivir la jubilación será dejando de pensar en tener cosas y comenzando a valorar que lo que le dejarán a los otros son las experiencias compartidas y las historias contadas.

De cualquier manera, la forma de vivir este proceso −obligado para muchos− depende en gran medida del nivel educacional de la población. Mientras más alto este sea, disminuyen los miedos y las inseguridades, aumenta el valor positivo del trabajo y hay una buena disposición para valorar el tiempo libre. Este dato es relevante a la hora de analizar a la actual generación de adultos mayores, que es una generación que no tuvo mucha educación, que se desarrolló en trabajos no siempre satisfactorios y que cuando los pilló la jubilación, no siempre estaban preparados desde lo económico. Esta generación, sin embargo, tiene a su favor el que en su vida el tema de los afectos fue para muchos muy importante, por lo que aunque algunos de ellos no tengan los recursos suficientes, muchos sí cuentan con redes familiares para cuidarlos y acompañarlos. El gran problema de aquellas personas que no cuentan con suficientes recursos es que quedan a expensas de un Estado al que le encanta hablar de ellos −porque son los que religiosamente van a votar cuando hay elecciones−, pero que después no trabaja de igual forma por contenerlos en la salud y el esparcimiento, claves para mejorar su calidad de vida. Los que más allá de su nivel educacional lograron a lo largo de su vida generar recursos que les permitieron ahorrar son los que pueden decidir si seguir trabajando, ya sea por placer o por querer mantener el nivel de vida que siempre han tenido, o dejar de hacerlo formalmente, pero por sus habilidades y aprendizajes adquiridos siguen activos y generando recursos.

La próxima generación de adultos mayores será muy distinta. Como mencioné anteriormente, tendrá un mayor nivel educacional, más vital y gozadora del tiempo libre. Será una generación con menos miedo a la falta de recursos en la vejez (porque se han preparado para ello), pero con muchísimo más miedo al proceso de envejecimiento en sí, ese que ni con todo el oro del mundo van a ser capaces de detener. Transitarán por él desde la negación, haciendo todo lo posible para que no se note en ellos el paso del tiempo, por lo que resulta válido preguntarse para qué tanta educación formal y sistemática, si no somos capaces de vivir en paz el flujo de la vida.

Quizás esta generación sea un grupo de transición entre los dos modelos recién descritos, lo que me parece –de acuerdo a los testimonios recogidos– que nos tiene que hacer pensar que si queremos evolucionar hacia sociedades más sanas, el concepto de jubilación debe ser replanteado. Creo que debiéramos ser capaces de decidir de manera individual cuándo queremos y podemos dejar de trabajar formalmente. Creo, además, que las organizaciones debieran estar obligadas a integrar la experiencia de los años con la energía de la juventud y que la sociedad necesita desarrollar la tolerancia y la paciencia para que las personas de distintas edades se escuchen y dialoguen, de lo contrario seguiremos fomentando una sociedad fragmentada que ha empoderado a la juventud –aumentando su soberbia y haciéndole sentir que tiene el mundo en sus manos– y despreciado el valor y la sabiduría ganados con los años. De este modo, asociando a la vejez nada más que situaciones lamentables, solo lograremos seguir alimentando el temor al paso de los años.

Nadie está preparado para nada en la vida, sin embargo la polarización entre trabajo y descanso o entre trabajo y disfrute tiene obligatoriamente que cambiar si queremos vivir sanamente el proceso de jubilar. Para dejar de trabajar solo está bien preparado quien durante su vida privilegió los afectos por sobre la generación de recursos.

A día de hoy, las sociedades están cambiando a pasos agigantados y nos estamos permitiendo hablar y discutir temas tan importantes como la droga, el matrimonio igualitario y tantos otros que espero tengan solución; en este contexto es que creo que debiéramos empezar a preguntarnos por el valor del trabajo y atrevernos a hablar de flexibilidad laboral. Debiéramos también estar pensando en generar un proceso paulatino de desconexión con el trabajo formal, porque resulta a lo menos contradictorio que durante toda la vida se nos diga que el trabajo es la fuente de todo y que, de un día para otro, el discurso cambie y se nos arengue con la importancia de descansar, pasarlo bien y estar en familia; justo además cuando se nos alerta con la inminencia de un deterioro físico y tal vez mental. Sin duda, este es un caos difícil de organizar en la cabeza de cualquiera. Es como si de pronto nos dijeran: «Ahora sí, riegue el pasto, cuente cuentos y preocúpese de sus nietos, porque como con sus hijos no pudo hacerlo...». Es un horror cómo diariamente nos fragmentamos y dividimos nuestra esencia.

Tenemos la obligación de entender que si bien mi mundo perfecto descrito al comienzo de este capítulo está lejos de ser realidad, hay que trabajar por ello. En la vida se debe trabajar y disfrutar lo más posible y ojalá nos muriéramos teniendo alguna actividad que nos llene el alma y nos haga sentir útiles. El trabajo hay que agradecerlo siempre, nos permite crecer, desarrollar nuestros talentos, aspirar a una buena calidad de vida y la constancia y el buen oficio siempre tienden a producir buenos resultados. El trabajo, además, nos permite relacionarnos con muchas personas con criterios diferentes, lo que es una fuente de constante crecimiento.

Los seres humanos somos integrales y necesitamos sistemas sociales que lo entiendan y funcionen de acuerdo a ello. No necesitamos que nos digan «ahora eres papá», «ahora eres mamá», «ahora trabajas y los problemas se quedan fuera» o «ahora estás en casa y del trabajo no se habla». Esto nos está enfermando y segregando, pero, se los digo en serio, por muy polarizados que estemos, igual podemos empatizar con las sensaciones de muchas personas que están viviendo el proceso o que tarde o temprano lo vivirán, y desarrollar todo lo necesario para modificar estas ideas y actitudes, procurando valorar la vida en todas las etapas y no hacer sentir a los jubilados ciudadanos de segunda categoría. Finalmente, debiéramos ser lo suficientemente sensibles como para abrir nuestros corazones y escuchar todo lo que estas personas nos tienen que transmitir.

Si bien en casi todos los países se ha ido cambiando la edad de jubilación –en muchos se acorta, en otros se extiende–, creo que la reflexión que debiéramos hacer trasciende este número y se centra en algo un poco más profundo y que tiene que ver con replantear el concepto de jubilación y poder preguntarse: ¿por qué tendría que ser el Estado quien me diga cuándo me tengo para ir para la casa y dejar de ser productivo?, ¿por qué esa decisión no me permiten tomarla a mí cuando considere desde lo más profundo de mi corazón que estoy preparado, tanto económica como emocionalmente, para hacerlo? Esa es una pregunta clave en el ejercicio de nuestra libertad, y cuya respuesta sin duda nos encaminaría al mundo soñado al comienzo de este capítulo.

CAPÍTULO 8
La muerte como verdad ineludible

Si alguien tuvo la oportunidad de leer *Bienvenido dolor*, cuando hablo de las pérdidas cito una frase del cantautor argentino y gran amigo mío Facundo Cabral, que me parece que hoy, en el contexto de esta investigación, no puedo dejar de mencionar. Él decía que el ser humano es un ser especial: «Nacer no pide, vivir no sabe y morir no quiere». Esta frase, a la luz de lo que hemos venido desarrollando en este libro, tiene tanto sentido: llegados a esa etapa en donde todo parece estar más fuera de nuestro control, recién aparece una expresión de deseo en el ser humano. No queremos morirnos y de verdad no me queda tan claro por qué... Algunos dirán que por sentimiento de sobrevivencia; otros, porque piensan que la vida es hermosa y un desafío interesante –que, espero, sea la mayoría–, y otros, más honestos y menos valientes, simplemente dirán que le temen a la muerte. El tema es que no queremos morirnos y tampoco queremos ver partir a los que amamos, y esto, independiente de las creencias religiosas, porque si la muerte fuera asumida como un proceso natural y la entendiéramos como parte del flujo de la vida y como una etapa más del proceso por el cual tenemos que transitar, no tendría por qué tener tanta connotación negativa.

Los occidentales particularmente estamos entrenados desde muy pequeños a funcionar en base a los apegos. Las frases «eso es mío» o «tú eres mía», dicha tan románticamente, no hacen otra cosa que reflejar que trabajamos económica y emocionalmente toda la vida para tener cosas propias: una casa, un auto y tantas otras que, como en este libro hemos concluido, ponen nuestras seguridades afuera y no dentro de nosotros. Al funcionar con tal sentido de propiedad caemos en la ilusión del control, de que todo depende de nosotros y está determinado por la voluntad o, en el mejor de los casos, por la buena suerte. A esto se le suma una serie de miedos a que la vida nos quite eso que juramos nos pertenece y nos da seguridad.

Pero aunque estemos firmemente entrenados en apegarnos –en sufrir tanto cuando se nos pierde algo, alguien se nos muere o se nos va, nos roban o cuando algo mío me fue arrebatado–, hay algo que no depende de nosotros, que trasciende a todo: el paso del tiempo y la muerte que son procesos ineludibles e inminentes en nuestra vida.

La única absoluta certeza que tenemos al nacer es que empezamos a envejecer en ese mismo momento y que algún día moriremos. No hay nada más certero y absoluto y, por lo tanto, la forma en que se asuma esa realidad parece ser clave en cómo una sociedad no solo enfrenta la muerte, sino que, por complemento, enfrenta a partir de ello la misma vida.

Otra verdad que tiene que ver con la linealidad desde la que nosotros concebimos la vida es que asumimos que los viejos se mueren primero que los jóvenes o los niños y, por lo tanto, a medida que van pasando los años se hace cada vez más presente y consciente el fenómeno de la muerte y de todo lo que tratamos de hacer para evitar que nos venga a buscar. Esto resulta contradictorio porque todos tenemos experiencias –más o menos cercanas– que nos evidencian que la vida es de una fragilidad tremenda y que en cualquier momento podemos dejar de vivir, por lo que debiéramos estar preparados para ello. Esta preparación tiene dos sentidos, independiente de nuestras creencias: por un lado, sabemos que para alejar la muerte tenemos que cuidarnos tanto física como emocionalmente, y, por otro, aun sabiéndolo, hacemos todo lo contrario. Habitamos un mundo donde la mitad se muere de hambre y la otra mitad está obesa, donde el sedentarismo, el exceso de trabajo, el alcohol y el tabaco nos acercan todos los días a la muerte, sin que tengamos ninguna conciencia de que estos son actos suicidas que nos conducen ineludiblemente a ella. Es curioso cómo actuamos, conducimos vehículos y corremos riesgos siempre coqueteando con la muerte, sin tener muy claro que somos seres con fecha de vencimiento y que, al menor descuido, esta tocará nuestra puerta. Pareciera que muchos hacen todo lo posible para morirse, aun cuando el discurso sea exactamente el opuesto. Quizás esto se debe en algunos casos a una conciencia de la muerte mal entendida: como saben que van a morir, se endeudan, comen y toman hasta reventarse, sin, a mi juicio, asumir que están jugando con fuego. Si no, basta ver a muchas personas a las que la vida las ha puesto en un punto de quiebre y cómo esas conductas tan intensas cambian drásticamente.

Por otro lado, si creemos que nos vamos a morir y que ahí se acaba todo, entonces debiéramos dar lo mejor de nosotros para dejar un buen recuerdo en los que queremos. Intentaríamos decir todos los días que lo sentimos, haríamos felices a nuestro entorno, nos cuidaríamos para no dejar solos a los que amamos, disfrutaríamos de lo que la vida nos da, pero sin caer en ningún exceso. Bajo esta concepción no existirían los maltratos, las faltas de amor y tantas otras actitudes que hoy lamentablemente son pan de cada día en nuestra sociedad.

Según el discurso social se desprende que vivimos negando la muerte y creyendo que somos eternos, por lo que daría lo mismo cómo vivamos porque siempre –aunque sea en el último segundo– habrá tiempo para reparar. Esta negación absoluta de la muerte funciona casi como un mecanismo de defensa que se rompe cuando llega a nuestras vidas una enfermedad o alguna situación que nos enfrenta cara a cara a nuestra mortalidad. Para los que han pasado por ahí, la vida cambia completamente: se alteran sus prioridades, son más conscientes de sus afectos, los expresan y viven más intensamente, y tienen la necesidad de dormir siempre ligeros de equipaje, sin rencores ni cuentas pendientes.

Se dice que los países hispanos son casi totalmente creyentes y la gran mayoría de su población cree que después de la muerte hay algo más. En la investigación, el 95% de los participantes correspondía a ese grupo. Ese «algo más» podía ser un estado diferente, otra vida paralela pero diferente a esta, una vida sin cuerpo, un espíritu o simplemente una forma en un continuo aprendizaje.

Al consultarle a esas personas sobre la solidez de sus creencias y sobre cómo vivían a partir de ellas el paso de los años y la realidad de la muerte, era impresionante registrar la cantidad de miedos, inconsistencias y mentiras que se decían todos los días, y que no son más que un fiel reflejo de cómo la vejez se concibe: como la entrada a la última etapa de la vida cargada de muchas emociones asociadas a la tristeza, la melancolía y, en no pocos casos, la desesperación.

Si realmente, como decía en el capítulo donde intentaba definir la vejez, creyéramos en la resurrección, en otra vida o en el dormirse para siempre hasta que vuelva Jesús, ¿no les parece que la muerte debiera ser vivida con alegría o por lo menos con tranquilidad y paz, sobre todo mucha paz? ¿No les parece que si viviéramos con conciencia de muerte, sabiendo que esta va a llegar, disfrutaríamos nuestro presente siendo agradecidos y dando lo mejor de nosotros para ser recordados por las cosas buenas que dejamos aquí?

Evidentemente no vivimos así o, por lo menos, no todos. Lo que se ve alrededor es a gente que trabaja para vivir dignamente, o lo mejor que pueda, y poder comprar cosas que le den seguridad y confianza para así demostrar amor a sus seres queridos. Nadie piensa y mucho menos siente la fragilidad de la vida, y si bien las estadísticas nos dicen que la gente que mayoritariamente muere es la de más edad, esto no garantiza nada, porque cada vez es más fuerte la sensación de que con la inseguridad, con los fenómenos naturales y tantas otras cosas que la gente percibe como incontrolables, cualquiera puede ser llamado y debemos prepararnos para ello. Unos para un juicio, otros para una transformación, algunos para ser recordados por lo que hicieron. Todos deben prepararse para otra vida que desconocen totalmente y tener la tranquilidad de haber hecho las cosas lo mejor posible.

Dicen que llegados a esa otra vida, a nadie le van a preguntar cuánto dinero ganó y si fue o no capaz de llegar a tener casa o un auto. Dicen los que saben —entre los que no me cuento— que lo más probable es que nos pregunten qué hicimos con lo que nos dieron y cuánto fuimos capaces de amar con ello. Bajo esta perspectiva, llegar a la vejez se convierte no solo en un placer, sino que en todo un privilegio; significaría, como lo entienden los orientales, que tuvimos mucho tiempo para amar, aprender, dejar huellas y para haber disfrutado de la posibilidad de decidir ser felices, porque serlo es una actitud, más que un estado ligado a la alegría o al tener cosas.

Ahora bien, esto está lejos de ser una realidad social fácilmente observable; por un lado, decimos emocionados: «¡Qué maravilla cumplir años!», cuando vemos a alguien que celebra sus ochenta o noventa, pero cuando celebramos los nuestros hay un dejo de rabia y nos negamos a celebrar la vida como una fuente de sabiduría y enriquecimiento espiritual. Es como si no nos diéramos cuenta de que cumplir años renegando, no poniendo velas ni celebrando, es estar absolutamente muertos.

Le tememos tanto a la muerte que se ha empezado a producir una aberración, a mi juicio, consolidada por la gran industria médica, que es la enorme cantidad de personas que mueren en los hospitales y las clínicas y no en sus casas. Entiendo que hay casos en los cuales no queda otra alternativa, pero hay muchos en los que si bien es un hecho que no hay nada más que hacer, la familia insiste en que se intente algo más o el establecimiento opina que todavía se podría probar una nueva intervención. Creo que parte de asumir este proceso como natural también nos obliga a «un buen morir», y eso evidentemente siempre va ser en casa, en nuestra cama, con nuestros olores y en los brazos de las personas que amamos y que nos aman. Me parece indigno que uno se entere de la muerte de alguien que uno ama por la llamada telefónica de un establecimiento de salud; me parece inhumano que alguien parta sin tener entre sus manos la mano de un ser querido y sin ver su rostro. No habla bien de cómo enfrentamos la muerte que esto esté pasando tan masivamente.

Es común escuchar que la gente buena se va rápido, que se muere primero, y los que quedamos ¿qué somos?, ¿seres malos y oscuros que tenemos que pagar con el castigo de estar vivos? No tengo la respuesta al porqué se muere gente que no debiera haberse ido porque era noble y aportaba a que este mundo fuera mejor, pero sí estoy segura de que hay mucha gente viva muy noble que afortunadamente envejece y nos acompaña largo tiempo. No somos todos malos los que estamos aquí, ni tampoco eran tan ángeles todos los que se fueron; hay de todo en todos lados y el cumplir años siempre debiera ser una fiesta y un homenaje a la vida. Distinto es pensar, como creen muchos, incluida yo, que todos vinimos a este mundo para algo, que tenemos una misión y que ella se puede cumplir dentro del vientre de la madre, a los dos años de vida, a los quince o a los noventa, y esto es lo que determina la partida de este lugar llamado Tierra.

Pero si de todo esto no se habla, de la muerte y de la vejez mucho menos. En la investigación, solo el 45% había hablado con su familia de cómo y dónde quería envejecer y qué necesitaba para que este proceso fuera óptimo. Muchos en el estudio me decían que cuando a los cuarenta y cinco o cincuenta habían conversado el tema con los hijos, amigos o en el trabajo, la reacción de los demás era siempre la misma: «¿Para qué tocas esos temas?». «¿Estás con depresión?». «¿Fuiste al médico y te encontró algo?». «Si eres joven aún, no pienses en eso». «Te ves increíble, nadie pensaría la edad que tienes», etc. Todas estas frases que decimos y escuchamos a diario reflejan la profunda evasión frente a un tema que es inevitable y que todos debiéramos conversar para prepararnos a enfrentarlo de la mejor forma.

Si así enfrentamos la vejez, con la muerte es mucho peor, porque incluso existe la creencia popular de que hablar de ella es como «llamarla», y por lo tanto es mejor ni siquiera mencionarla. He escuchado a tanta gente sabia hablar de la muerte contando cómo quieren morir y a tantos reprochándoles que de esas cosas no se habla y que no les gusta escuchar de temas como ese.

Qué bien nos haría hablar de la vejez, de la jubilación y de la muerte, y poder planificar cada etapa de la vida al alero de nuestros afectos y así, si tenemos el privilegio de llegar a cumplir muchos años, lo podamos hacer con alegría y no en esa negación que nos lleva a sorprendernos de los cambios con cierta rabia e impotencia por no poder hacer nada al respecto; en estos casos, el único ejercicio de libertad que podemos permitirnos es nuestra actitud que siempre es soberana, pero que con la educación centrada en lo externo con la que nos hemos formado, está muy debilitada en la mayoría de las personas. Vivimos con la sensación de que tenemos la vida que nos tocó y no somos capaces de percibir que esta la hemos construido con acciones y con omisiones, independiente de las condiciones en las que nacimos. Hay millones de historias en las que la voluntad y las ganas fueron capaces de romper todos los predictores de pobreza, enfermedad y malos diagnósticos.

Nos vamos a morir, qué duda puede caber, ¿no será mejor hablar de ello privada y públicamente y modificar el cómo estamos viviendo para prepararnos para ese evento, estando tranquilos, dando lo mejor de nosotros, siendo consecuentes con nuestras creencias, pero por sobre todo celebrando la vida mientras la tengamos para que no nos encuentre al final distraídos, como dice Facundo Cabral, y siendo incapaces de modificar tantos años de negación en los actos y en las palabras?

La vejez es la última etapa de la vida y la muerte el último paso de la vejez. Si a los treinta años leyéramos este libro y escucháramos con el corazón a todas esas voces que alimentaron esta investigación, tendríamos que cambiar muchas elecciones y redefinir muchas de nuestras prioridades, para así estar preparados para estos momentos tanto económica como afectivamente; si fueran muchos, sin duda, la sociedad tendría que dar respuesta a un movimiento que exige ser escuchado en sus afectos, en sus motivaciones y en sus miedos frente a todos los misterios de la vida, siendo el más importante, sin lugar a dudas, la muerte.

Conclusiones

Como dije en la introducción, terminar una investigación y decidir escribir un libro no es para nada fácil. Aparece un sinnúmero de miedos, inseguridades y mis rasgos perfeccionistas que me hacen preguntarme una y mil veces si he logrado ser fiel al testimonio de tantos y tantas que generosamente colaboraron en el estudio. Luego viene la duda de si he podido simplificar los complejos conceptos de cada investigación y, por último, la eterna revisión de los datos para que cada capítulo incluya todo lo que el estudio reveló.

Si empezar todo esto es complicado, terminarlo es muchísimo peor. Siempre he dicho que los libros no se terminan, se abandonan, porque, de lo contrario, sería imposible encontrar todo absolutamente perfecto para decir que está en óptimas condiciones para ser leído y publicado. Siempre, y gracias a Dios es así, los libros son una historia imperfecta que quizás otro la tome para seguir desarrollándola en un camino que, espero, no tenga fin.

El punto de partida de esta investigación que fue esa frase repetida por muchos en la investigación, «no quiero envejecer», después de todo lo desarrollado se convierte en una sentencia sin sentido, contradictoria y además falsa. Cualquiera que esté diciendo que no quiere envejecer se engaña a sí mismo brutalmente. A partir del capítulo sobre el cuerpo incorporamos la idea de que uno envejece desde que nace y que, por lo tanto, renegar de ese proceso inevitable resulta una pérdida de tiempo. Además, concluimos que renegar de la vejez es renegar de la propia memoria y, sobre todo, de los aprendizajes acumulados en la vida. Las personas que sostienen esta frase creerán entonces que hay cremas que impiden el envejecimiento y que con el solo hecho de esparcirlas sobre su rostro se verán diez años más jóvenes. ¿Para qué vernos más jóvenes?, ¿para qué mentirnos tan burdamente?

En cualquier caso, el tema central aquí es por qué cada vez se escucha más esa frase, sabiendo lo contradictoria y falsa que es; es aquí donde siento que el libro entrega –a partir de los testimonios de la gente– varias respuestas que al momento de cerrar tenemos que evaluar. Una de ellas es la sobrevaloración de la juventud como único momento de plenitud y éxito en la vida. De acuerdo a los códigos de hoy, es solo en esta etapa cuando lograríamos las cosas importantes de la existencia, como son la belleza, la posición social y el estatus que da el tener cosas que se compran. Es la mejor etapa en términos de producción laboral y de reconocimiento en ese ámbito; siendo jóvenes es cuando asumimos los roles más importantes de la vida como son el ser padre, madre y trabajador activo. Desde este punto de vista, el envejecimiento es visto como una amenaza, como la pérdida de esas posiciones, lo que genera conflictos con el valor del cuerpo, con el cambio de posición en lo laboral y con el nuevo lugar que se asume dentro de la familia y de la sociedad en general.

Aquí todo el tema de la linealidad del tiempo y de ubicar en nuestras cabezas el futuro «adelante» y el pasado «atrás» es fundamental para no avanzar en el paso de los años. Inevitablemente, al concebir el tiempo de esta forma, el pasado y los mayores no son reconocidos y admirados, y el futuro nos aterroriza porque nos acerca al final y a un concepto que, como vimos, no nos gusta ni siquiera mencionar: la muerte. En este punto, nuestras inconsistencias religiosas y dobles discursos son dignos de revisar porque si fuéramos realmente consistentes, cumplir años sería interpretado como un regalo y un verdadero privilegio. Con la muerte pasaría algo parecido: al ser la antesala de otra cosa tendríamos que recibirla con curiosidad y alegría, no con miedo y tristeza.

Otro de los motivos de por qué no queremos envejecer es que, en el fondo de nuestros corazones, sabemos que no estamos viviendo bien la vida en un sentido profundo y afectivo. Podemos estar viviendo muy intensamente, pero sabemos que esta carrera loca por el trabajo, por subsistir y por tener éxito, en muchos casos nos lleva a olvidar los afectos primarios y secundarios pensando que ya habrá tiempo para ellos en otro momento. Entonces nos da miedo que el tiempo pase y nos pille la vejez sin haberlos cuidado como debemos. Este miedo también se asocia con la posibilidad de enfrentar la vejez en soledad o con el temor a la muerte y a la supuesta evaluación a la que luego de ella seremos sometidos.

Quizás la razón más común de por qué no queremos que los años pasen es por la angustia que nos produce un posible deterioro físico, mental y económico asociados a la edad. Para calmar este miedo y hacernos creer que la muerte no llegará jamás es que cada vez surgen más planes y pautas que nos ayudan a cuidarnos físicamente y nos enseñan a ahorrar en todo sentido para que así, llegados los llamados años dorados, podamos disfrutar de ellos o estar preparados en caso de imprevistos. En el primer capítulo de este libro definimos que esta llegaba en plenitud cuando perdíamos la autonomía; el gran temor de perder esta independencia nos hace negar o, mejor dicho, querer negar que el paso del tiempo es inevitable y que dependerá de nosotros cómo lo vayamos a enfrentar, aun cuando este siempre pueda traer sorpresas.

El miedo a la soledad, al cambio de rol dentro de la pareja y de la familia, como fue explicado anteriormente, son motores importantes para desear que el tiempo no pase y poder mantener el statu quo de las cosas. En este sentido, el cambio de posición más evidente socialmente

–que de cualquier forma tiene repercusiones públicas y privadas– es la jubilación, momento que, sin duda, nos pone frente a algo muy anhelado durante toda la vida: el descanso. Y justamente cuando llega no sabemos qué hacer, y el hecho de no sentirnos productivos y aparentemente inactivos nos genera muchísima angustia.

La experiencia de vida del adulto mayor en el mundo hispano está determinada principalmente por su situación económica, de salud y afectiva, y visto desde la perspectiva de una persona joven hoy, este panorama parece aterrador. Aquí me quiero detener en algo que está implícito en este miedo que es tremendamente importante. Cuando los jóvenes nos miran o miran a muchos adultos mayores, lo que mayoritariamente ven es a un grupo de personas que no cantan, que no ríen a carcajadas, que dejaron de bailar y que hablan todo el tiempo de sus enfermedades, achaques y dolencias. Otros, en cambio, se muestran obsesionados por verse jóvenes, no celebran los cumpleaños, no quieren ser llamados abuelos, hacen ejercicio de manera excesiva y se someten a un sinfín de cirugías para ocultar la edad que tienen.

En este grupo –que además generalmente tiene mucha visibilidad social– el tema gravitante no es cómo envejecer linda y sanamente, sino, literalmente, hacer todo lo posible para evitar el envejecimiento. Esta disposición se desata aproximadamente a los sesenta años y un factor importante en su aparición es una generación más joven que en ningún sentido le parece atractivo cumplir años.

Nadie quiere envejecer, eso parece ser un patrón común, pero también es cierto que hay muchas personas que agradecen hacerlo, personas que logran equilibrar el privilegio de cumplir años y que celebran la vida, porque son conscientes de que, de lo contrario, estarían literalmente muertos. Personas que no se quieren morir y se cuidan para que este momento se demore en llegar; personas que quieren ver a sus nietos crecer, acompañar a sus parejas el mayor tiempo posible, crear hasta el último segundo y no dejar de pensar en proyectos para su vida.

Quiero contarles de una conversación de la que fui testigo entre un adulto mayor y una mujer extraordinaria que me ayudó mucho en esta investigación, llamada Nora Biderman, quien se desarrolla como coach en Argentina. En esta conversación, Nora le dijo al hombre que se veía muy bien para su edad, ese clásico comentario que viene a reforzar la juventud como único valor estético, pero que ella lo expuso con el fin de destacar lo apasionante y enriquecedora que debió haber sido su historia como para haber llegado así a tan avanzada edad. Él le respondió con una sonrisa lo siguiente: «No, mijita, lo que me mantiene joven no es mi historia, son los proyectos del futuro. Procuro trabajar con gente joven que puede hacer lo que yo ya no puedo y que saben lo que yo no sé, lo cual me permite seguir aprendiendo. Esos jóvenes, a su vez, quieren trabajar conmigo porque yo sé algunas cosas que ellos no saben y aprendí de todos mis errores, por lo que puedo ayudarlos a no cometerlos. Así como ellos me escuchan mucho, yo los escucho a ellos también. Paso la mayor parte de mi tiempo con la gente joven de ánimo, de espíritu, no importa cuántos años tenga, lo importante es la buena actitud. Esa es mi fórmula para no envejecer o, mejor dicho, para envejecer estando orgulloso de ello y sintiéndome joven».

Este es un ejemplo maravilloso de cómo envejecer sintiéndose joven, sin que eso sea enfocado desde la pretensión; la juventud aquí se entiende como una actitud con la cual enfrentar el paso de los años, y el resultado es delicioso y un verdadero ejemplo.

Por otra parte, nos encontramos con otras personas que, en cambio, corren, corren desesperadas tras una arruga, tras un kilo de más o tras el prestigio, la conquista y la vanidad. Personas que dicen que no se quieren morir pero que se ven envueltas todos los días en conductas suicidas de las cuales lo único que se desprende es que quisieran desaparecer. Comen en exceso, fuman, toman alcohol y no hacen ejercicio; además, son trabajólicas y no le dedican tiempo a sus amores; no son conscientes del devenir de la vida. Pero, lamentablemente, el tiempo pasa para todos, para los musculosos, para los operados y para todos los seres humanos; la clave parece ser prepararse desde muy joven para el paso de los años.

En el curso de este libro se han repetido hasta el cansancio tres palabras que debiéramos aplicar para poder envejecer en plenitud: conciencia, preparación e inversión, a lo que debiéramos sumar una cuarta que viene a reforzar las anteriores y que es la voluntad.

Conciencia para entender el valor del presente y el inexorable paso del tiempo, y para estar profundamente conectados con los afectos y con la sencillez de la vida.

Preparación porque tenemos que organizar nuestra vida pensando en que el tiempo pasa más rápido de lo que somos capaces de percibir, y que hay que tomar decisiones para vivir la vida en plenitud en todas las etapas, tanto afectiva como económicamente. En el fondo, gracias a los avances de la medicina nos regalaron alrededor de veinte o treinta años más de vida y tenemos, tanto personal como públicamente, que prepararnos para poder vivirlos plenamente.

Inversión porque es necesario preguntarse a qué se le va a dedicar más energías, si a las seguridades externas, lo material que nos ayuda a disminuir nuestros miedos y sentirnos protegidos, o a nuestros vínculos emocionales con el objeto de llegar a la vejez contenidos y acompañados. Es claro que se pueden integrar ambas posturas, pero les aseguro que no pocas veces en la vida vamos a tener que optar dramáticamente por una o por otra, a pesar de que nos pasemos toda nuestra historia creyendo tenerlas medianamente equilibradas.

Voluntad porque es el gran concepto del siglo XXI, en educación y salud, al menos. Porque es la fuerza que mueve la conciencia para producir la preparación y la orientación en los que debemos invertir. Así y solo así se puede envejecer plenamente.

Para poder aplicar estas cuatro palabras hay que hacer un ejercicio diario y que tiene que ver con retomar la capacidad de hacernos preguntas, muchas preguntas. Hoy no nos preguntamos nada, actuamos como en automático porque seguramente es más cómodo y menos riesgoso. Preguntarse significa, obviamente, buscar respuestas, lo que lleva a tomar decisiones y de ellas dependerá el rumbo de nuestras vidas.

Los invito a hacer el ejercicio de preguntarse si están bien, si son felices, si se preocupan de hacer felices a los que tienen a su lado, si viven como quieren vivir; todas preguntas determinantes en todas las etapas de la vida. Pregúntense si necesitan realmente cambiar el televisor, si quieren o pueden hacer regalos de Navidad; les aseguro que haciéndose estas preguntas recuperarán la libertad interna y permitirán el desarrollo de la actitud como única fuente de autonomía que tenemos los seres humanos.

Creo que cada etapa de la vida es un homenaje a la existencia y todas son una oportunidad para ser felices, entregar amor y dejar huella en los otros. La vejez es una etapa en la que nos tiene que preocupar trascender y desarrollar al máximo todos nuestros talentos, pero necesita tener contacto con la juventud como fuente de energía, de optimismo, de cierto grado de irresponsabilidad y de una gran cuota de alegría y juego para plantearnos proyectos hasta el último aliento que nos permita la vida. Quizás habría que acuñar la palabra VEJENTUD para que se puedan integrar ambas instancias de la vida en una actitud que mezcle la sabiduría de los años con la alegría y la iniciativa de los jóvenes; ahí probablemente dejaríamos de decir que no queremos envejecer.

Según Nora Biderman, si el envejecer tiene que ver en nuestro inconsciente colectivo con rigidez, achaques, falta de proyectos, melancolía por el pasado, temor al futuro, frustración por lo que no se hizo y falta de esperanza por lo que todavía se puede hacer, creo yo que la «vejentud» sería una fórmula para desarrollar justamente lo contrario, vale decir: «Ser flexible, tener proyectos, aprender de lo que vivimos y transmitir lo que aprendimos, trascender en mensajes útiles, pensar más en la vida y menos en la muerte, porque si igual nos llega a su debido momento, para qué pensarla antes de tiempo. Y, por sobre todo, agradecer lo que tenemos y dar un buen ejemplo de amor, serenidad, fe y alegría, para vivir un buen presente y dejar un mejor futuro» (Nora Biderman).

Todo lo anterior es muy hermoso y debiéramos tener la obligación de aplicarlo, pero se hace más complicado cuando el Estado no nos facilita las condiciones para vivir la vejez de esa manera. Se necesitan políticas públicas que nos hagan valorar y respetar a los mayores, que sientan la seguridad para salir de sus casas; iniciativas que fomenten fuentes laborales para ellos, porque el Estado no se va a poder hacer cargo de un sector pasivo que aumenta dramáticamente en todos los países; una sociedad que los integre, que los haga aparecer en la televisión y que incentive el diálogo entre generaciones.

Necesitamos que aumenten los geriatras –en Chile hasta el 2013 solo había alrededor de setenta– y que se rediseñen los espacios comunes; una salud humana más que solamente técnica, pisos no resbaladizos, puertas por las que pasen sillas de ruedas, teléfonos con números grandes, muchas viviendas acogedoras y oportunidades para participar.

Para querer envejecer, la vejez tiene que estar conceptualizada como algo estimulante, independiente de las condiciones físicas y económicas en que se viva. Me es imposible transmitirles la cantidad de adultos mayores pobres y enfermos que fueron ejemplo de «vejentud» y cómo muchos millonarios daban pena, quejándose por los años que tenían encima del cuerpo. Para que la vejez sea estimulante tiene que tener sueños y proyectos asociados y, por sobre todo, incluir cada una de las reflexiones que he venido desarrollando en estas páginas.

Como siempre he afirmado en todas las entrevistas que me han hecho, la primera alumna de las investigaciones es quien escribe, y frente a esta experiencia tengo que decir que han cambiado muchas cosas en mí. Hoy tengo cuarenta y ocho años y entendí que para tener una buena salud a los sesenta o a los setenta, me tengo que cuidar ahora; es por eso que ya llevo casi tres años de ejercicio suave pero ininterrumpido, lo cual tiene valor para mí porque siempre he sido floja y salí del colegio odiando el deporte.

Además, en el curso de la investigación aprendí a cuidar mi salud con la alimentación y a buscar con frecuencia el silencio como fuente de quietud y autoconocimiento. He llegado a necesitarlo...

Pero el aprendizaje más profundo que puedo transmitirles después de escuchar a muchísima gente es que quiero envejecer, que quiero tener arrugas, que quiero vivir lo que haya que vivir riéndome mucho y que ojalá pueda besar y apretar a mis nietos como lo hace mi abuela conmigo. Hoy puedo decirles que no me asusta la muerte y tampoco la enfermedad física, sí un poco la mental porque no me gustaría estar viva de cuerpo pero perdiéndome cosas que pudiera agradecer y de las cuales podría aprender.

No les niego que he mirado mi cara y me he preguntado qué pasaría si me hago algo aquí o allá, pero este estudio me enseñó que el secreto está en asumir que la vejez es un proceso inevitable y que hay que saber vivirlo con sabiduría y dignidad, dando un lindo testimonio del paso de los años.

Espero que los mayores que lean este libro, independiente de sus condiciones, agradezcan el haber llegado a tener los años que tienen y los disfruten plenamente. A los jóvenes que lo tengan en sus manos, que dejen de decir «no quiero envejecer» y se pongan a trabajar para preparar su vejez desde el corazón y no solo desde el bolsillo; que escuchen, busquen y admiren a los mayores que tienen cerca, y al Estado que entienda que una sociedad es mucho mejor cuando incorpora, valora y le da un espacio a un grupo que crece y que va a tener que generar condiciones para los bisabuelos que ya están tocando nuestra puerta.

Los adultos mayores aumentan y cada vez nacen menos niños, lo que hace que los países envejezcan, por lo tanto decir «no quiero envejecer» cada vez tiene menos sentido, el tema que debiera preocuparnos es más bien el «cómo envejecer». Espero que con este libro encuentren algunas de esas respuestas.

Agradecimientos

Siempre son tantas las personas a las que hay que agradecer después de un trabajo de más de cuatro años que me hizo viajar y recorrer todo el mundo hispano...

Gracias a Dios, primero, por permitirme otra vez tener algo que contar y poder ser la voz de miles en estas páginas. Gracias por la vida, por el misterio de los talentos y por todos los corazones que se abrieron para contar sus historias.

A mi abuelita y a mis padres, que son fuente de ejemplo permanente y que en muchas partes del libro resultaron ser algo así como los «niños símbolo» de muchos contenidos.

A mi marido, Juan, por su amor, su paciencia y sus permanentes cuidados que me permitieron estar sentada casi diez horas diarias sin desfallecer. Sin él no hubiera sido posible escribir este libro de forma tan expedita y tranquila.

Nunca había escrito un libro en estas condiciones y esto, sin duda, es gracias a su presencia.

A mis hijos, Cristián y Nicole, y a las hijas de Juan, particularmente a Shantal, por su paciencia conmigo por haber estado encerrada tanto tiempo. Su generosidad me ha conmovido siempre. No es fácil ser hijos de esta madre.

A mi socio y compañeros de trabajo argentinos, con quienes peregrino diariamente y a través de quienes obtuve mucha de la información vertida en estas páginas. Lo mismo para Adriana, por su preocupación, rezos y compañía en esta nueva etapa de la vida.

Al Senama y a los institutos de estadísticas, que me entregaron información con la cual contrastar las conversaciones que tuve con la gente en los distintos países. A Nora Biderman, preciosa mujer que me acompañó en este camino.

A Editorial Planeta en su conjunto, que me permitió postergar un poco la entrega de este libro, debido a cambios en mi vida. Gracias especialmente a Willie Schavelzon, mi agente literario, sin el cual este proyecto no hubiera sido posible en tiempo y forma. A Josefina, mi editora, por su apoyo desde el primer día de esta investigación.

A todos y cada uno de los que colaboraron, contando historias, llorando y riendo conmigo durante todo este tiempo. A todos aquellos viejos orgullosos de serlo que me entusiasmaron con la vejez. A los otros, gracias igual por orientarme en lo que podría transformarme y que no quiero ser; aprendí mucho de ellos.

A la vida, como misterio, como maravilla que me permite una vez más entrar desde mi pequeñez en sus corazones para hacerles evocar lo que ustedes quieran. Gracias por creer y confiar en mí.

Gracias a todos los que se me olvidan, y espero que la vida y Dios, como mi jefe, permitan que nos volvamos a encontrar.

Bendiciones para todos.

España
Av. Diagonal, 662-664
08034 Barcelona (España)
Tel. (34) 93 492 80 36
Fax (34) 93 496 70 58
Mail: info@planetaint.com
www.planeta.es
www.planetadelibros.com

Argentina
Av. Independencia, 1668
C1100 ABQ Buenos Aires
(Argentina)
Tel. (5411) 4382 40 43/45
Fax (5411) 4383 37 93
Mail: info@eplaneta.com.ar
www.editorialplaneta.com.ar

Brasil
Rua Ministro Rocha Azevedo, 346 -
8° andar
Bairro Cerqueira César
01410-000 São Paulo, SP (Brasil)
Tel. (5511) 3088 25 88
Fax (5511) 3898 20 39
Mail: info@editoraplaneta.com.br

Chile
Av. Andrés Bello, 2115,
piso 8°
Providencia
Santiago de Chile
Tel. (562) 2652 29 27
Fax (562) 2652 29 12
Mail: info@planeta.cl
www.editorialplaneta.cl

Colombia
Calle 73, 7-60, pisos 7 al 11
Santafé de Bogotá, D.C.
(Colombia)
Tel. (571) 607 99 97
Fax (571) 607 99 76
Mail: info@planeta.com.co
www.editorialplaneta.com.co

Ecuador
Whymper, 27-166 y Av. Orellana
Quito (Ecuador)
Tel. (5932) 290 89 99
Fax (5932) 250 72 34
Mail: planeta@access.net.ec
www.editorialplaneta.com.ec

Estados Unidos y Centroamérica
2057 NW 87th Avenue
33172 Miami, Florida (USA)
Tel. (1305) 470 0016
Fax (1305) 470 62 67
Mail: infosales@planetapublishing.com
www.planeta.es

México
Presidente Masaryk 1111, 2° piso
Col. Chapultepec Morales
Deleg. Miguel Hidalgo
11570 México, D.F.
Tel. (52 55) 3000 6200
Fax (52 55) 3000 6257
Mail: info@planeta.com.mx
www.editorialplaneta.com.mx
www.planeta.com.mx

Perú
Grupo Editor
Jirón Talara, 223
Jesús María, Lima (Perú)
Tel. (511) 424 56 57
Fax (511) 424 51 49
www.editorialplaneta.com.pe

Portugal
Publicações Dom Quixote
Rua Ivone Silva, 6, 2.°
1050-124 Lisboa (Portugal)
Tel. (351) 21 120 90 00
Fax (351) 21 120 90 39
Mail: editorial@dquixote.pt
www.dquixote.pt

Uruguay
Cuareim, 1647
11100 Montevideo (Uruguay)
Tel. (5982) 901 40 26
Fax (5982) 902 25 50
Mail: info@planeta.com.uy
www.editorialplaneta.com.uy

Venezuela
Calle Madrid, entre New York y Trinidad
Quinta Toscanella
Las Mercedes, Caracas (Venezuela)
Tel. (58212) 991 33 38
Fax (58212) 991 37 92
Mail: info@planeta.com.ve
www.editorialplaneta.com.ve

 Planeta es un sello editorial del Grupo Planeta   www.planeta.es